スイス・
プライベートバンク
の教科書

Introduction to Swiss Private Banks

新たなライフスタイルの実践

井上雅之 著
Masayuki inoue

一般社団法人金融財政事情研究会

はじめに

1997年11月のある日曜日の午前中、突然一本の電話がかかってきました。「大変申し訳ないけれど終わってしまった」。電話の主は山一證券ジュネーブ支店長でした。入社して間もなく電話帳1冊と日本株法人営業と書かれた名刺を渡され、会社名に「銀行」、「資産運用」、「投資」とつく金融機関に手当たり次第電話をかけては営業活動に明け暮れる日々を送っていました。ジュネーブ銀行街と旧市街を拠点にする小規模プライベートバンクのほとんどは訪問したはずです。Banque de Camando、Banque Diamantaire Anversoise、Banque de Gestion Genevoise、それら多くの銀行は現在ではもう存在していません。

白手袋をはめたレセプショニストにドアを開けてもらい通された小部屋のテーブルにはチョコレートが並べられていました。やっとの思いでとれたアポも日本株には興味ないと追い出されるのがほとんどでしたが、なかにはプライベートバンクの真義を教えてくれるバンカーもいました。

「私たちの仕事は顧客、次の世代、さらに生まれてくる次の世代の資産を守ることです」。当時読んだ証券マン御用達のバイブルには、あなたたち証券マンは「1日に2回は顧客に連絡しなければいけません」と書いてありました。午前中にストロング・バイ「買いましょう」と勧め、午後に同じ客にストロング・セル「早く売ってください」と急かす。短期的な売買を糧としていた証券会社の私たちとプライベートバンクのビジネスポリシーは真逆でした。

新規の顧客も順調に増え大手プライベートバンクの担当も任せてもらうようになった矢先、山一證券は倒産してしまいました。山一證券を退職した後に入社したプライベートバンクではシニアパートナーのアシスタント兼ジュニアバンカーとして中近東超富裕顧客の資産運用にかかわりました。メインの顧客はわずか5家族と政府系投資ファンド1社、われわれは顧客が欧州各地に所有する不動産の管理と金融資産の運用を任されていました。電気代の支払から車の整備点検、また使用人の管理や不動産の購入など、顧客の生活をフルサポートするのがバンカーの仕事です。莫大な資産を預かることで安定した収入が見込め、その結果、常に顧客サイドに立った公平なアドバイスを提供することができるのです。バンカーに最も重要なのは心の「余裕」です。余裕がない限り日銭を稼ぐ必要に迫られ顧客を最優先したアドバイスを行うのは不可能です。その後、大手資産運用銀行、財閥系銀行、外資系銀行などさまざまなプライベートバンクで勤務した約20年の間でスイスの金融業界を取り巻く環境は守秘義務制度の崩壊とともに大きく変わりました。そしてこれからさらに変わっていくと思われます。重大な岐路に立たされた多くのプライベートバンクが10年後、20年後には存在していない可能性が高いと思われます。

現役のバンカーに聞いてみてください。「あなたの子どもをバンカーにさせますか」と。彼らは口をそろえていうでしょう、「No way（まさか）」と。自分たちの子どもにバンカーになることを勧めないのは、決してこの仕事に誇りをもっていないからではありません。それは営業規制やクロスボーダールール（国境を跨いだ営業活動を行ううえで守らなくてはいけない規則）が劇的に強化された結果、顧客と自由に接することやいままで提供してきたサービスを継続することがむずかしくなり「余裕」と「モチベーション」を失ってしまったからです。その一方で、新しいチャレンジに向かってたゆまぬ努力を重ね、強い信念をもって改革に取り組むプライベートバンクやバンカーも存在します。そして伝統を守りつつも時代に適合したサービスの提供にコミットした「新生プライベートバンク」では多様化する顧客ニーズに対して誠実な資産運用アドバイスやサポートを提供しています。

激変する金融業界のいま、強いリーダーシップと先見力、そして安定した経営基盤を持ち合わせたプライベートバンクはさらなる進化を遂げていくと思われます。それらのプライベートバンクではクライアントファーストを掲げた高付加価値サービスが引き続き提供されています。「安全のスイス」、そして「安心のプライベートバンク」はこれからも世界中の富裕層の資産を守る役割を果たしていくことは間違いないでしょう。

私が本書を書こうと思った理由は2つあります。1つ目はなぜスイスでプライベートバンキングが発展したのか、なぜ世界中の富裕層がスイスで資産を管理しているのか、そして守秘義務の崩壊はプライベートバンクにどのような影響を与えたのかを伝えたかったからです。

2つ目はプライベートバンクを利用するメリットと注意点を伝えたかったからです。スイスのプライベートバンクはハードルが非常に高いのが現実です。しかしプライベートバンクが構築した一流の金融プラットフォームを利用して比較的リーズナブルな金額からでも資産運用を行うことは可能です。

コロナ禍で逼迫する経済状況のなか、政府は自分たちの生活を守ってくれないことを身にしみて感じた方は多いのではないでしょうか。家族と資産を守れるのは自分自身です。「謎に包まれたスイス・プライベートバンク」、「究極の資産防衛術を受け継いできたスイス・プライベートバンク」、また「自分には縁がないスイス・プライベートバンク」。多くの疑問と関心に応えるべくプライベートバンクの特徴やサービスをできるだけわかりやすく書きました。

本書はどうすれば資産を短期間で倍に殖やせるのかを問うハウツー本ではありません。また特定のプライベートバンクのお勧めや具体的な金融商品の説明は控えます。ぜひ、スイス・プライベートバンクとの「付き合い方」について参考となれば幸いです。

1章
高い国際的信用力が
プライベートバンク文化を築いた

2章
スイスのプライベートバンク、いったい何者？

3章
守秘義務の崩壊と生まれ変わった プライベートバンク

4章
プライベートバンクの
商品とサービス

5章
プライベートバンクを実践する

〈本書の留意事項〉

① わかりやすさを優先したために、一部省略・簡略化した表現を用いています。
② 意見に当たる部分は筆者個人の見解であり、筆者が所属する組織を代表するものではありません。
③ 一般的な知識を説明したものであり、特定の商品・サービスなどの勧誘を目的とするものではありません。
④ 本書に掲載されている内容は執筆当時のものです。
⑤ 本書に記載されている一部の商品・サービスは、プライベートバンクによっては日本在住者に提供されていません。

1章

高い国際的信用力がプライベートバンク文化を築いた

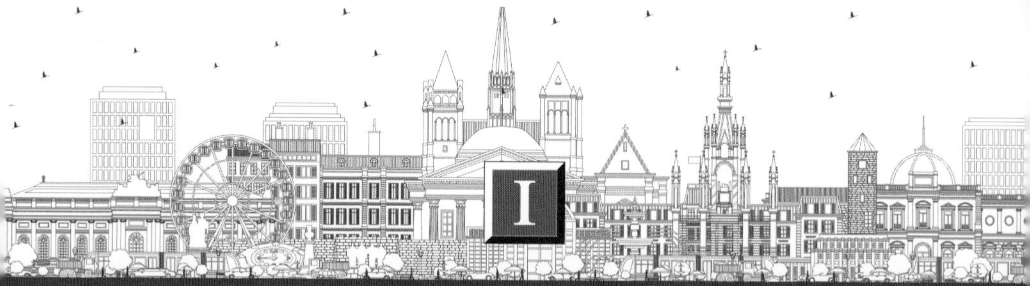

I　スイス人は自然体で気取らない国民性

世界一裕福な国スイス。 貧乏なスイス人は中古のベンツに乗っている

プライベートバンクがなぜスイスで発展したのかを知るためにはスイスのバックグラウンド、そしてスイス人の国民性を理解することは非常に重要です。本章では本題に入る前にスイスの経済、政治、また歴史を簡単に紹介します。

子どものジョークで「貧乏なスイス人は新車のベンツは買えないけど中古のベンツに乗っている」と聞いたとき、絶妙なその例えに思わず笑ってしまいました。スイスは世界で最も知名度の高い、最も裕福で、最も小さな国のひとつです。

人口はわずか850万人、国土の3分の2はアルプス山脈が占めていて、さらに海に面してもいない国がなぜここまで高い国際競争力をもつ国家を築き上げることができたのかを不思議に思う人は多いはずです。

スイスは、もとは農業が中心の貧しい国でした。現在では農業は全産業の1%にも満たないのですが19世紀の中頃までは国民の大半が植物の栽培や畜産で生計を立てていました。その結果、貧困に苦しむ多くの若者たちは傭兵として賃金を得ることを選び、生まれ故郷から遠く離れた戦場に赴きました。スイスは傭兵を「輸出」することで外貨を稼いでいたのです。そして13世紀から19世紀までの約500年間に他国のために戦ったスイス人の数は

150万人とも200万人ともいわれています。

当時の人口からしてみればとてつもない人数です。生きて国に戻れるのは6割から7割、戦場では親兄弟同士で敵と味方に分かれて戦うこともしばしばあったと記録されています。勇敢で屈強、忠誠心が高かったスイス傭兵はもてはやされ、フランス王族の護衛隊として実に200年もの間、務め上げ、フランス革命では多くのスイス傭兵たちが命を落としています。現在では傭兵制度は廃止されていますが、特例としてスイス傭兵はいまでもローマ教皇とバチカンに仕えています。バチカンのスイス傭兵軍は現在も活動している世界最古、そして世界最小の軍隊です。

イギリスで始まった産業革命はやがて欧州各地に広まり、19世紀初期にはスイスまでたどり着きます。それまでは繊維工房や時計工房などの小規模な製造産業しか存在しなかったスイスにも大きな転機が訪れたときでした。ようやく産業化の道を歩み始めた1850年頃には労働人口の約3分の1が製造業に携わるようになっていました。そして次第に繊維産業、繊維生産を支える繊維機械産業や化学産業が盛んになり、それは後に輸出産業へと発展していきました。その頃、近代化が急速に進む欧州諸国では鉄道インフラを充実させることでヒト、モノ、文化を運ぶ手段を築き上げていました。

しかし、その鉄道網はスイスを囲むように敷設されており、いずれ経済的、そして社会的に孤立してしまうのは避けられない状況でした。「スイスは電車（時代）に乗り遅れてしまう」——その危機感が当時の権力者であったアルフレッド・エッシャー（1819～1882年）を鉄道建設事業へと導きます。当時の技術ではアルプス峠越えルートに鉄道を通すことなど並大抵の努力では成し遂げることはできませんでした。エッシャーはこの一大事業に人生を賭す覚悟をもち、強い使命感とリーダーシップで鉄道建設事業に取り組みます。こうして鉄道建設に必要な資金調達を行う目的で誕生したのがいまのクレディ・スイス（銀行）、さらに技術の習得とエンジニアの育成を目的に設立されたのがチューリッヒ工科大学です。

全長15キロメートル、多くの困難と犠牲を乗り越えて建設されたゴッタルド鉄道トンネルは9年という長い歳月を費やし建設されました。まさにヨーロッパの南北を結ぶ大動脈の完成でした（全長57キロメートルの新ゴッタルドトンネルは2016年に完成）。

かくしてスイスは、欧州から取り残されることなく、その後の発展につながる大きな経済基盤を確立しました。現在スイスには約5,100キロメートルの路線網があり、その路線密度は世界一を誇るほどです。氷河を一目みようと当時欧州諸国の貴族が訪れたようにいまでも多くの観光客が氷河急行やベルニナ急行に憧れ、スイスを訪れています。

繊維産業の発展とともにスイスは20世紀初頭に急激な経済成長を遂げました。しかしその後、程なくして世界大戦が始まると資源や食料を他国からの輸入に依存していたスイスは窮地に立たされてしまいます。ここでもスイスは交戦国との交渉の末、物資輸入の許可を得ることに成功し危機を乗り越えます。そして第一次・第二次世界大戦でドイツ軍の占領を免れた小国は致命的な生産施設のダメージを受けることもなく、また戦後の復興需要の恩恵も受けることによって産業と経済の拡大化を進めていきます。

その結果、スイスは先進国のなかでも最も経済基盤が安定した国をつくりあげることに成功しました。いまでは輸出産業は経済の大きな柱となり、薬品・化学、時計・精密機械などに代表される高付加価値産業がスイスを著しい発展に導きました。そして世界で最も豊かな国のひとつになったスイスの国民1人当りのGDPは約7万ドル、日本や欧州諸国と比べても55～65%ほど高い生産性を誇り（経済協力開発機構（OECD）2019年のデータ）、安定した経済基盤を盤石なものにしています。さらに堅実で知られるスイスの財政ではGDPに対する債務残高がわずか40%に抑えられており、日本の240%、イタリアの160%、フランスの120%にものぼる債務に比べて圧倒的に健全な財政状態を維持してきました（OECD2015年のデータ。現在コロナの影響で各国の財務状況は悪化していますが依然としてスイスは他国と比べると優位性を保っています）。

そしてスイス・フランは世界有数の安全通貨として度重なる金融・経済危

機の局面においても強い信用力を維持してきました。水、空気、木以外の資源をもたないスイスがここまで発展できたのは決して奇跡ではありませんでした。貧しい国民は今日より明日、明日より明後日、豊かになることを夢見て努力をしてきました。恵まれた環境から得た富ではなく、犠牲を払いながらも堅実に、知恵を絞り、そして強い覚悟で望んだ国民が、いまのスイスを築き上げたのだと思います。

世界的なコンサルティング会社であるキャップジェミニの調査（2018年度）によるとスイスの人口の実に4.5％はミリオネアであり、その人口比率はアメリカの約3倍、日本、香港やシンガポールと比べても倍近くです。スイス人に関するジョークを聞いてから約20年経ったいま、私は「貧乏なスイス人が中古のベンツに乗っている」のではなくスイスに住むお金持ちたちが新車で買ったベンツを何十年も大切に乗り続けているのだと思います。

ところでわれわれの大統領はだれだっけ？

「スイスの政治家にスーパースターは要らない！」。アメリカの大統領がヘリコプターで、フランスの大統領が防弾車で訪れる国際会議にスイスの大統領はバスで訪れるといったジョークを聞いたことがあります。その適切な例えにスイス人は皆納得しています。

1957年以来、大臣全員が参加する2日間の遠足旅行は恒例行事となっています。木こりファッションでハイキングを楽しみ観光バスに乗り込む姿に、また自分たちとあまり変わらぬ生活を送る大臣たちに国民は大きな親近感をもっています。カリスマ性が際立つ欧州諸国の大統領に対してスイスの大臣たちは庶民的な感覚を持ち合わせた素晴らしいリーダーたちです。ちなみに現スイス大統領ギー・パームランの前職は農家でした。

スイスの連邦議会は二院制であり国民代表の国民議会と州代表の全州議会で構成されています。内閣は連邦議会によって選ばれた7人の連邦評議員・

大臣で構成されています。そして政党や所属州、また言語が異なる大臣たちが一致団結してスイスの発展と国民の生活を守るために最善を尽くしています。スイスではフランスの大統領やドイツの首相の名前は知っていても自国の大統領がだれであるか知らない人が大勢います。友人に「ところで大統領だれだっけ」と聞いても「お前は無知な奴だ」と馬鹿にされることもありません。それはスイスでは大統領が毎年変わるのに加えて、重要事項はすべて7人の大臣たちによる合意に基づいて決定されているからです。大統領には絶対的、また独占的な権限を与えられていないためスイスではだれが大統領であるかはあまり重要ではないのです。

余談にはなりますが、2年ほど前に日本を訪れていたウエリ・マウラー元大統領をホテルのロビーで見かけたことがあります。安倍元首相との面談の事前打合せを行っているようでした。関係者たちとフレンドリーに会話をする姿をみてその男性がスイスの大統領だと気がついたのは私だけであったと思います。

スイスの政治システムは伝統的なプライベートバンクのパートナーシップ制度である集団経営体制と非常に似ています。政党が異なる大臣たちがスイス発展のために協力し合う姿とプライベートバンクの経営ポリシーには多くの共通点を見つけることができます。安定した政治制度が確立されているスイス政府は激変する世界情勢下においても突発的な判断を避け、常に長期的方針を優先してきました。スイスは決断も遅く斬新性に欠けていると国内外からの批判は多々あります。国の方針にかかわる重要な決断には7人の大臣たちのコンセンサスが反映されているため、政策には斬新性やチャレンジ精神に欠けるといったデメリットもあります。しかし平凡で退屈だけれど、その安定感がスイスの優位性をつくりあげているのです。

スイスのプライベートバンクが世界中の富裕層から支持されてきたのも、その堅実な経営方針と素朴で真面目な国民性に多大な信頼が寄せられてきたからです。

スイスの教育制度は世界最高レベル。 大卒でなくてもチャンスは与えられる

人口比でみるとスイスは最も多くのノーベル賞受賞者を送り出した国のひとつです。2019年までには総勢29名の研究者、学者、そして文化人たちがその功績を讃えられています。

スイスの教育水準は国際的な評価も高くアルベルト・アインシュタインが学んだチューリッヒ工科大学は世界総合大学ランキング（QS World University Ranking）で6位、ローザンヌ工科大学は18位に入っています。MBA・ビジネス・スクールのランキングではローザンヌのIMD（International Institute for Management Development）が24位、セント・ガーレン大学が47位、さらにホスピタリティ部門ではローザンヌ・ホテル学校は世界1位を獲得しています。

そんなスイスでは教育は義務ではなく国民一人ひとりに与えられた権利です。「マチュリティ」と呼ばれる高校卒業資格を得た学生には州・国立大学に進学する権利が与えられます。学部によっては人数制限が設けられており、また卒業するには多大な努力を要します。しかし州立大学ではわずかな学費で幅広い分野の専門知識を充実した教育環境で学べる機会を与えています。たとえばジュネーブ州立大学では学部にかかわらず、たとえ医学部であっても年間学費はたったの1,000スイス・フラン（約12万円）です。日本では到底考えられないでしょう。

しかし、そのような恵まれた環境にあるにもかかわらず、スイスの大学進学率は他の先進国と比較すると約30％と低めです。その大きな理由のひとつに「アプレンティシップ（職業教育・訓練プログラム、15～16歳から職業により3年もしくは4年）」の教育水準が非常に高いことがあげられます。エリートのイメージが強い銀行員でさえ、ひと昔前までは大学卒業者はそれほど多くありませんでした。多くの学生は職場で実践経験を積みながら専門学校を卒業した後に、社会人として企業で活躍していきます。

日本や韓国、またフランスのように学歴社会ではなく、優秀な人材には国籍、学歴に関係なくチャンスが与えられる文化もスイスの特徴です。

スイスの二大銀行クレディ・スイス、UBS両行で社長を務めたドイツ出身のオズワルド・グルーベル氏は大学での教育は受けていません。またUBSの前社長（2020年11月1日まで）のセルジオ・エルモッティ氏も15歳の時にアプレンティシップ生としてルガノのコーナーバンクに入行しています。

徴兵制度があるスイスでは銀行で出世をするためには大学を卒業するよりも軍隊での階級や肩書が大切だともいわれた時代もありました。厳しい訓練生活で寝食をともにした仲間や高官との人脈は大きな財産となり、また軍隊で指揮官やオフィサーとして得たリーダーシップと経験は経営者として大変重宝されました。

スイスの教育を語るうえで欠かせないのが日本人にも大変人気が高いボーディング・スクール（寄宿学校）の存在です。卒業生にはモナコやルクセンブルクの欧州諸国の王族、大企業やセレブリティの子どもが名を連ねています。生徒一人ひとりの個性を育てる教育環境、文化交流を重視した教育方針、そして経済・政治界で活躍できるネクストジェネレーション（次世代）の育成に力を入れているのがスイス・ボーディング・スクールの特徴です。

子どもたちには寮生活で大事な仲間をつくり、貴重な人脈を構築する機会が与えられます。世界各国の財閥や大企業のオーナーを親にもつ仲間たちとの出会いは将来掛替えのない財産になるでしょう。そんなボーディング・スクールとプライベートバンクは多くの共通点があります。

「信頼」、「伝統」、また「高いホスピタリティ」があるからこそ安心して大事な子どもたちや資産をスイスに預けられるのです。

極小国スイスが最も影響力のある国際国家を築き上げた奇跡

最も国際的知名度が高い最も小さい国

徳川幕府は1856年に当時の列強国、米・英・仏・露・蘭との間に修好通商条約を結んでいます。それからわずか8年後の1864年に日本とスイスの二国間関係が確立されました。列強国に遅れまいと船さえもたないスイス人がはるばる日本を訪れ4年にも及ぶ交渉の末、通商条約を結んだ行動力と外交力はまさに国際国家スイスを象徴しています。

スイスが国際社会においてこれほど強い発信力を保ち続けているのは世界経済の発展に多大な貢献を果たし精力的に世界情勢の安定活動に参加してきたからです。決して積極的にリーダーシップをとる立場ではありませんが、その中立的な存在は大変重宝されてきました。

スイスが国際国家として世界から認知をされるきっかけになったのは1863年にジャン・アンリ・デュナンによりジュネーブに設立された赤十字国際委員会（International Committee of the Red Cross、ICRC）の活動です。戦争や紛争、迫害により生命の危険にさらされた人々に対して人道的保護と支援を行うICRCは平和の象徴として重要な役割を果たしてきました。ちなみにICRCの旗はスイスの国旗の配色を逆にしたものです。

スイス政府は常に積極的な外交を行い、海外から優秀な人材を受け入れ、また海外資本や国際機関を誘致してきました。国際連合（United Nation、

UN)、世界保健機関（World Health Organization、WHO)、世界貿易機関（World Trade Organization、WTO）などに代表される国連機関の多くはジュネーブに拠点を置き、国際的課題の解決に向けて日々活動しています。さらに国際オリンピック委員会（International Olympic Committee、IOC)、国際サッカー連盟（Fédération Internationale de Football Association、FIFA)、欧州サッカー連盟（Union of European Football Associations、UEFA）などその他多くの国際スポーツ機関もスイスに本拠地を構えています。現在ジュネーブには179カ国の大使館や政府代表部が置かれており約750の非政府組織が本拠地を置いています。外交官、国連機関や非政府組織（Non Governmental Organization、NGO。民間の支援団体）の総職員数は実に3万4,000人にものぼり、ジュネーブの人口の約6.5%にも及びます。多くの非政府組織は貧困、平和、人権、自然環境、そして教育などにかかわる課題解決を目的に国連や政府と協力しながら日々活動しています。その規模や影響力は多種多様です。スイスの国際的な立場とその活動がメディアを通して広く伝えられるようになったのは、世界経済フォーラム（World Economic Forum、WEF）の存在も大きく貢献しています。

ダボス国際会議には世界のリーダーが集まり経済、政治、また社会情勢に関する意見交換や情報発信が行われ、彼らの発言と同時にスイスには大きな注目が集められます。2019年には安倍首相、2020年にはトランプ大統領も参加しており、当時17歳の環境活動家グレタ・トゥーンベリのスピーチは大きな話題になりました。

運営団体である世界経済フォーラムは1971年にクラウス・シュワッブ教授により設立され、いまでは世界の政治と経済を動かすほどの影響力をもっています。ダボスはチューリッヒ空港から車で2時間強、ジュネーブ空港から約5時間の距離に位置するウィンターリゾート地です。この交通の不便な人口1万1,000人足らずの小さな町であるダボスに世界中のVVVIP（Very Very Very Important Person）3,000人が集まります。安全が確保された国スイスだからこそ、これほど大規模な国際会議を毎年開催できるのでしょう。

外資系企業のスイスへの進出も著しく、安定した経済と通貨、質の高い労働者、優遇された税制などを背景に多くのグローバル企業が欧州本社・営業拠点をスイスの主要都市に設けています。50年ほど前に欧州本社をジュネーブに設立したキャタピラー（世界最大の建設機械、鉱山機械製造会社。本社アメリカ）では現在約400名の社員が欧州、アフリカ、アジアや中近東の営業活動を管理しています。プロクター・アンド・ギャンブル（P&G）、グーグル、ヤフーなどのグローバル企業もスイスを拠点に欧州内のビジネス展開を行っています。日系企業の存在も大きくジャパンタバコインターナショナル（JTインターナショナル）、サンスター、参天製薬などをはじめ、約200の企業がスイスに拠点を置いています。

ネスレ、ロシュ、ノバルティスの時価総額は トヨタやソフトバンクより高い

先日パテック・フィリップのジュネーブ本店を訪れ人気のモデルをいくつかみせてほしいとお願いしたところ、カタログをみせられ「これも、これも、これもありません」と申し訳なさそうに謝られてしまいました。店員も売る商品がなくて困っているようでした。予約10年待ちの人気モデルがあるほどスイスの高級時計はコレクターたちからの需要が高く、限定モデルに至っては予約さえ受け付けてくれません。

瀕死寸前であった時計産業を救い、スイス時計が現在もなお活躍し続けてこられたのは、スウォッチ・グループを世界一のタイムピース・コングロマリットに育て上げたカリスマ経営者、ニコラ・ハイエック氏のおかげです。ハイエック氏は、義父が経営していた会社を引き継いだ後にエンジニアリング系コンサルティング会社を立ち上げ、経営危機にあったSSIH（オメガ、ティソなど）とASUAG（ロンジンなど）を合併に導くことによりスウォッチ・グループを発足させました。

スイスの時計メーカーにはフランス人やイタリア人の職人たちが設立した

工房が多く、いまでも時計産業は大勢の外国人によって支えられています。世界で最高峰とされる機械式時計メーカーのパテック・フィリップは1839年にポーランド人の時計職人により設立され、スイスを代表する時計メーカーのロレックスはドイツ人のハンス・ウィルスドルフ氏によって1905年に設立されています。ちなみにハイエック氏はレバノン出身です。

スイスの主な産業は薬品・化学製品、精密機械・時計産業、観光業、そして金融産業です。それらの各産業には世界を代表するリーディングカンパニーが名を連ねています。食品メーカー世界最大手のネスレ、そして大手製薬会社のロシュ（業界売上げ世界2位）とノバルティス（業界売上げ世界3位）の3社は日本最大の上場会社トヨタより時価総額が高いことを知る人は少ないのではないでしょうか。ネスレの時価総額は約3,100億ドル（2020年4月末）を誇り、対するトヨタ自動車は「たったの1,750億ドル」です。

ネスレは1866年にレマン湖畔の小さな町、ヴヴェイにドイツ出身のヘンリー・ネスレ氏によって設立されました。現在では従業員30万人、年間の売上高10兆円以上を誇るネスレは世界190カ国に進出している世界最大の食品・飲料製造会社です。ちなみに明治ホールディングスの2019年度の売上げは1兆2,527億円、日本ハムは1兆2,298億円、味の素は1兆1,000億円です。人口が日本の約15分の1でしかない小国スイスに数多くの世界的企業が存在するのは不思議だと思われる人も多いのではないでしょうか。

世界最大の香料メーカーのジボダン（Givaudan）、商品や認証検査の世界最大手のSGS（Société Générale de Surveillance）、パソコン周辺機器・マウスの大手、ロジテック（Logitec）などスイスを代表する企業名を一度は耳にしたことがあるかもしれません。「メイド・イン・ジャパン」と並び世界で最も高いブランド力をもつスイスの技術力とホスピタリティ、そしてサービスは世界から高い評価を得ています。

あるシンクタンクの調査によるとスイス・メイドには他国製の同等品と比べて20%から50%のプレミアムを上乗せした価格で販売できる価値があると報告されています。そんな信用性が高いスイスだからこそ世界規模のカルチャーイベントを開催することも可能です。「アート・バーゼル」には世界中のアートコレクターや画廊が集まり、「バーゼル・ワールド」（ロレックス、パテック・フィリップやショパールは2021年に独自のイベントを行うと発表しているため、バーゼル・ワールドは大幅な縮小が見込まれています）や「ジュネーブ・サロン」（Watches & Wonders、旧SIHH）は世界各国の高級時計バイヤーやジャーナリストが参加する一大イベントです。またマイルス・デービス、サンタナ、チャック・ベリー、レイ・チャールズなどを含む音楽界のレジェンドのパフォーマンスをみようと世界中のファンが訪れる「モントルー・ジャズ・フェスティバル」は伝説のロックバンド「クイーン」ゆかりの聖地になっています。

自動車のファンにとって「ジュネーブ・モーターショー」は、一度は訪れてみたいイベントではないでしょうか。1905年の開催以来、毎年約70万人のモーターファンが訪れるジュネーブ・モーターショーはデトロイト、東京、パリ、そしてフランクフルト・モーターショーに並ぶ世界五大モーターショーのひとつです（今後、世界各地のモーターショーの開催地の移転や組織改編が予想されます）。

先進国において自動車産業は主要な産業のひとつであり、各国で行われるモーターショーでは自国メーカーが新モデル・技術を発表する場になっています。しかし自動車をつくらないスイスでは各国のメーカーが自分たちの商品や技術を公平にアピールできるステージを提供してきました。

「中立」と「平等」を重視するスイスの国際的立場は非常に重宝されてきました。日本製品の高い品質やホスピタリティが世界でも認められたように、ロレックス、チューリッヒ生命、アデコ人材派遣会社などを含めた優良企業がスイスから発信し、そのブランド力と競争力を高めてきたのです。「スイスの企業名をあげてみて」と突然聞かれてもパッと頭に浮かびませんよね。しかし、よくよく考えてみると実は意外と身近な存在であることに気がつくのではないでしょうか。

時間を厳守するスイス人。約束の時間に家を出るフランス人、約束の時間に起床するイタリア人、そんな彼らはスイスにとって大切なパートナー

ある日の週末のことでした。デパートで買い物をしていると「マサ！」と私を呼ぶ声が聞こえてきました。振り向くと遠くで手を振る一人のアジア人男性がいました。インターナショナル・スクール時代の友人である金正男でした。「久しぶりだね。いまどこにいるの？　何をしているの？」と聞くと「知らないほうがいいよ！」と笑いながらいわれました。

高校卒業後に彼が金正日の長男であることを新聞で知りましたが当時は仲の良い友人であり、また正男の悪口をいう仲間は一人もいませんでした。北朝鮮出身であるとは聞いていましたが、だれも彼に詳しい素性を尋ねることはありませんでした。そして全校生徒で唯一、背広で通学しているのは父上の教えだともいっていました。

スイスにはさまざまな事情を抱えた外国人が住んでいます。欧州の強国に囲まれたスイスの経済社会活動は円滑な国際交流なしに決して成立しません。その結果、スイスは「癖が強く自己主張が激しい」ビジネスパートナーと強い絆を築き上げる工夫と努力を続けてきました。欧州はおおむね陸続きではありますが地域ごとに文化や習慣、また常識さえも異なります。「約束の時間に家を出るフランス人、約束の時間に起床するイタリア人」とは言い過ぎだと怒られてしまうかもしれません。

しかし小国スイスは他国の文化と伝統を尊重し、また共存共栄の精神を重要視することで自国の発展を成し遂げてきました。スイスの人口のおよそ30％は外国人であり、国際都市ジュネーブ州においてはまさに約40％の住民が外国人だといわれています。私が1年間通ったジュネーブ最古の伝統的高校、カルバン校ではクラスメートの実に60％以上が外国人、もしくは両親が外国出身のスイス人でした。イタリア、ポルトガル、スペイン、東欧などから移住してきた多くの労働者は大きな経済活動力となり、また高い教育を受ける機会を与えられた彼らの子どもたちはスイスのさらなる発展に貢献

しています。

スイスは外国人のインテグレーション（移住国の社会制度や文化に溶け込める環境）に最も成功した先進国のひとつです。スイスでは他の欧州諸国のように旧植民地や移民問題を抱えておらず外国人の受入体制がしっかりしています。そのため、フランスやドイツでは深刻化する人種差別行動・活動もスイスでは大きな社会的問題には発展していません。私自身もフランスで経験したような醜い人種差別にはスイスに住み始めて一度もあったことがありません。

スイスには毎日約33万人の外国人労働者がジュネーブ、バーゼル、ルガノやそのほかの都市に国境を渡り働きに来ています。他国と比べて失業率が圧倒的に低く、好労働条件が保証されたスイスで働くことは国境沿いに住む多くの欧州人にとって大変魅力的です。地理的な要因もありスイスでは古来、ヒトとモノの出入りが多く、経済・文化交流は非常に盛んです。このような環境で生活するスイス人には生まれつき国際的感覚が身についています。

スイス連邦はハプスブルク家からの独立を目的に1291年にウーリ州、シュヴィーツ州、ウンターヴァルデン州によって結ばれた同盟が原型です。伝説によると国民の英雄、ウィリアム・テルがオーストリアの悪代官を殺し、それをきっかけにスイスは独立を勝ち取ったとされています。紀元前から異民族の侵入と支配を受け続けてきたスイスはローマ帝国、フランク王国、シュヴァーベン公国、ブルグント王国、ブルゴーニュ公国などその各時代の勢力から大きな影響を受けてきました。現在の連邦国家ができたのは1848年であり、26の州（当時は22州）と2,000以上の地方自治体により連邦が成り立っています。

スイスは言語や文化が異なる人々の集まりにもかかわらず現在でも強い団結力と均整がとれた政治環境が保たれている数少ない国家です。日常的に外国人と接しているスイス人にとって文化や宗教、そして言語が異なる相手との交流やビジネスにおいてコミュニケーションをとることにはまったく違和感もプレッシャーもありません。またスイスには外国人経営者も多く先ほどあげたスイス三大企業であるネスレの社長であるマーク・シュナイダー氏はアメリカ・ドイツ国籍、ロシュ社長のセヴェリン・シュワン氏はオーストリア・ドイツ・スイス国籍、ノバルティス社長のヴァサント・ナラシンハン氏はインド系アメリカ人です。

スイスは世界中のビジネスパートナーと強い絆を築き、その「信頼関係」と「真面目な国民性」がスイスのプライベートバンクへの発展へとつながっているのです。

世界で最も経済・社会環境・政治状況が安定した スイスに全世界から資金が集まるのは必然である

スイスはセレブリティの社交場

生活環境を変えたい、子どもの教育を充実させたい、自国には住み続けることができない。スイスに移住をする理由はさまざまです。そして節税や資産承継もその大きな理由のひとつにあげられます。世界の富裕層はありとあらゆる税金対策を行い、資産を守ってきました。そしてその究極の手段が税金優遇制度を実施（もしくはきわめて低い税制を適用）している国への移住です。もちろん、脱税は論外です。

アジアでは香港やシンガポール、そして欧州ではモナコやイギリスが富裕層の代表的な移住先になっています。またその他多くの小国でも高い税金に悩む高所得者の誘致活動を行っています。スイスでは160年ほど前にヴォー州で税金優遇制度が導入されて以来、多くの外国人富裕層を受け入れています。現在では欧州人を主として約4,500人が一括税制、「ランプサム税」と呼ばれる特別制度を利用しスイスで生活しています。そのなかには亡きスウェーデンの世界的家具メーカー、イケア（IKEA）の元オーナーのカンプラード氏やフランスのアコー・ホテルグループの共同創設者であるデュブル氏など、巨万の富を築き上げた成功者もいます。

2010年のビラン誌によるとデュブル氏はスイスに移住することで年間330万スイス・フランの節税を行っていたようです。

欧州各国の首都まで電車や飛行機でわずか数時間の距離に位置し、食事や言葉にも不便を感じないスイスは欧州の富裕層には人気の高い移住地です。数多くのドイツ人超富裕層がスイスのイタリア語圏に移住しており、ルガノから車で30分ほどの田舎町、アスコナのゴルフ場にみたことがないようなスーパーカーが並ぶ光景は圧巻です。

スイスの個人課税は主に消費税、所得税（連邦税、州税、市町村税）、そして資産税です。相続税は州により若干対応が異なりますが、基本的に近親家族（夫婦、子ども）に関しては無税、またはきわめて低い税率が課されます。ランプサム税制度は外国人が実際にスイス国外で得た収入に対する課税ではなく、生活水準から逆算された仮定収入を基準に課税されます。

たとえば資産や収入状況からAさんがこれまでどおりのライフスタイルを維持するためには年間の家賃が1,200万円だと仮定されたとします。するとAさんの年収は家賃の7倍である8,400万円（以前は5倍でしたが2021年より条件改正が行われます。基本的に家賃の7倍、州によってはさらにプラス10％、また課税方式が州によって異なります）と想定されます。もし欧州在住のAさんに年間5億円の収入があったとしたら、ランプサム税制度を利用してスイスに移住するだけで大幅な減税が見込まれます。課税対象、また税率は国ごとに異なりますが、移住する前の事前交渉で納税金額が明確になるため、自国で納める税金と比べることが可能です。ランプサム税制度は海外国籍者のみが対象となり、スイス国内での経済活動は認められていません。

現在ではチューリッヒ州、シャフーズ州、アッペンツェル・インナーローデン準州、バーゼル・シュタット準州、そしてバーゼル・ラント準州はランプサム税制度を廃止しており将来的にはその他の州においても廃止、もしくは制度の見直しが予測されています。

イギリス王室やハリウッド・スターがイースター休暇を楽しむクロスタース、ハイソサエティの社交場となったサン・モリッツやグシュタード、世界中のスキー愛好家が訪れるベルビエやツェルマットなどアルプス山脈は高級ウィンターリゾートとして世界中のセレブリティを魅了してきました。またスイスは世界を代表する成功者、スポーツ選手、俳優、歌手やセレブリティに愛され人気の移住先として選ばれてきました。F1（フォーミュラワン）チャンピオンのミハエル・シューマッハ（ドイツ人）、アラン・プロスト（フランス人）、ルイス・ハミルトン（イギリス人）、また俳優や歌手のチャーリー・チャップリン（イギリス人）、フィル・コリンズ（イギリス人）やソフィア・ローレン（イタリア・フランス人）やアラン・ドロン（フランス人）もそのなかの一人です。さらにティナ・ターナー（アメリカ人）に至ってはスイス国籍を取得しています。

なぜ彼らは「退屈なスイス」に移住したのでしょう。もちろん税金面での優遇はありますがスイスでは世界的なセレブリティであっても「安全」そして「普通」の生活が望めるからです。彼らは子どもの学校や住む家を決める前に、まずはプライベートバンクに銀行口座を開設します。資産運用に限らず移住をスムーズに行うための情報や人脈を得ることができるからです。歴史を振り返れば宗教的な理由や政治的な理由でスイスに亡命してくる欧州人も多く、そのなかには改革派の創立者ジャン・カルヴァンやロシア革命の父と呼ばれたウラジミール・レーニン、後にイタリアの大統領となったルイージ・エイナウディも含まれます。

大事な資産は「安全な国」で「信用できる金融機関」に預けるのが鉄則

ギリシャ財政危機が2010年に発生してからすでに10年経ちますが根本的な問題はいまだに解決していません。そう遠くない将来に欧州連合の崩壊さえ予想する経済学者も少なくありません。欧州では移民政策、そして財政悪化など慢性的な問題に加え、ブレグジットによるビジネス環境の変化など不安要素が絶えません。その結果、欧州各地ではナショナリズム思想が高まっています。2022年のフランス大統領選挙では国民連合（極右政党）の代表、マリーヌ・ル・ペン氏の勝利さえ現実味を帯びてきました。さすがに当選をするのはむずかしいかもしれませんが、この数年間で彼女への支持率は確実に上がっています。

欧州発展のために推進的な役目を果たしてきたドイツやフランスの経済状況が悪化して欧州連合の安定性と安全性を保つことが困難になったとき、また加盟国としてのメリットを疑問視する国民の声が高まる状況に、欧州連合の離脱を検討する国は必ず出てくるでしょう。見通しが乏しい状態が長引くとユーロは暴落し、欧州主要銀行の信用力、またビジネス環境は著しく損なわれてしまいます。強いリーダーシップと発言力で欧州連合を先導してきたメルケル独首相の任期も2021年までです。欧州連合の未来は決して明るくありません。険しい道のりが予想されています。

日本はというと、高齢化と人口減少、また財政赤字の垂れ流しの結果、社会制度の崩壊に陥る可能性が高まっています。「ハイパーインフレや預金封鎖は先進国の日本では絶対にありえない?!」可能性はきわめて低いと思われる最悪のシナリオですが「その日」のための準備は怠らないでください。残念ながら政府にはあなたの生活と家族を守っていく余裕はもうないのです。

リーマン・ショックはスイス経済にも多大な悪影響を及ぼしました。しかし他の先進国と比べると経済被害は最小限に抑えられました。国際通貨基金（International Monetary Fund、IMF）のデータによると2009年度のスイスの経済成長率はマイナス1.9%、それに対してアメリカはマイナス3.5%、ユーロ圏はマイナス4.3%、そして日本はマイナス6.3%でした。安心と安全を求めるのであればスイスほど政治的に、また経済的に安定した国はありません。

グローバリゼーションやイノベーションの加速によりビジネスサイクルが以前と比べて格段に短くなった現代社会において、20年後の世界がどうなっているのかを正確に予想するのは不可能です。しかし激変する世界情勢においてもスイスは安定した政治・経済環境、さらに高い国際競争力を維持していくと予想されます。身の丈にあった財政政策や地道な経済政策に専念してきたスイスの最大の強みは中・長期的な「見通し」が立つことです。直接民主制により国民の意見や考えが政策や憲法改正に反映されるためスイスの政治環境はきわめて安定しています。そして他国のように政権に対する暴動活動が起こり経済や生活、そして安全が脅かされるリスクがきわめて低いことは実証ずみです。世界中の投資家が人口わずか900万人足らずの小国スイスの通貨、スイス・フランを避難通貨として保有しているのも納得できるのではないでしょうか。

香港が中国に返還されてからすでに24年、中国政府の支配が現実味を帯びるにつれて抗議活動も一段と激しくなってきました。中国政府にすべての個人情報が握られてしまいゆくゆくはすべての資産を没収されてしまうかもしれない、ここ数年の間にチャイナリスクが急激に高まっている香港から莫大な中国・華僑マネーがスイスやシンガポールに流入しています。シンガポールは国家信用力が最も高いと評価されています。しかし実際には一党独裁国家であり個人情報の多くは政府によって管理されているため本当の意味での民主主義国家ではありません。その一方でスイスは直接民主制度を導入している数少ない国家であると同時に永世中立国です。

米露間の緊張が高まる2021年の6月にアメリカのバイデン大統領とロシアのプーチン大統領の首脳会談をホストしたのも、やはりスイスでした。今後もスイスの国際的役割は強まっていくでしょう。

スイスの金融機関はスイス連邦金融市場監督機構（FINMA）による厳格な金融規制、コンプライアンス・リスク管理、そして財務条件を守り経営されています。プライベートバンクの多くは資産運用サービスに特化し堅実な経営方針を長期にわたって行ってきました。彼らの収入の大半は顧客の資産を運用・管理することで得る安定収入であり、投資銀行や商業銀行のように自己資本の投資や融資業務で大きなリスクをとる必要もなく巨大な損失を被ることもありません。2021年、世間を騒がせたクレディ・スイスの投資銀行、アセットマネジメント部門による多額損失案件は伝統的なプライベートバンクで発生する可能性はきわめて低いといえるでしょう。

大事な資産を「安全な国」で「信用できる金融機関」に預けるのは当然で

す。世界中の富裕層は治安、政治、ビジネス、そして金融リスクの低いスイスで資産を管理することであらゆるリスクへの対策を行ってきました。その結果、スイスのプライベートバンクは資産を「殖やすことより守ること」に専念してきたのです。

A様からのお問合せ
子息をボーディング・スクールに

Q：私には小学 4 年生と小学 2 年生の息子が 2 人います。中学生からスイスでのボーディング・スクールを検討していますが、準備から試験までどのようなスケジュールになるのでしょうか。また、できれば 2 人が寂しくないように長男と次男が同時に入学することも可能なのでしょうか。

A：スイスには多くのボーディング・スクールがあり、そのなかからお子様にあった学校を選ぶのは大変な作業です。ご子息の入学をご検討されているのであれば、まず各校が毎夏開催している 3 〜 4 週間程度のサマースクールに参加することから始めるのをお勧めします。

勉強、スポーツや現地での生活を体験でき、学校のことを知るいちばんの近道だと思います。学校にはそれぞれ独自の特色があります。低学年の生徒を専門にする学校、アルプスの山奥にある学校、アメリカの教育方針を推進する学校、またフランス語圏、ドイツ語圏、イタリア語圏にある学校などさまざまな環境、教育制度から学校を選択することができます。大抵の学校の応募は11月から始まり、サマースクールの参加には試験はありません。

人気の高いロゼ校などは応募開始数日で日本人枠が埋まってしまう可能性も高いので、できるだけ早期の応募をお勧めします。複数のサマースクールを経験することによって学校の雰囲気を感じることができ、通期のボーディング・スクールの選択の際に役に立つと思います。

通期のボーディング・スクールに関する入学試験は学校によってさまざまです。中学生からの入学ですと、高校卒業までに十分時間もあり英語を習得する時間の余裕もあるため、ある程度の英語力があり、常識的な学力があれば入学を認める学校が多いようです。

試験はオンラインで日本にいながら受けることができる学校もあればスイスで面接を行う学校もあります。また兄弟での入学をご希望とのことですが兄弟で通うことは珍しくありません。しかし、国際的な共同生活環境を重要視する学校では、特別なケースを除き寮生活では兄弟別々の部屋に分かれることとなります。ご両親も、わが子がいない生活環境に慣れる準備が必要です。現地に信頼のおける連絡者をご用意することをお勧めいたします。

Q：サマースクールに参加することがとても大切であることが理解できました。そのうえでお伺いしたいのですが、サマースクールでどこに行くかを選ぶことが重要な気がします。いくつかのスクールに行くことを勧めていますが、具体的にどのようにすればいいでしょうか。何校行くべきでしょうか。1回の夏で何校体験できるのですか。スクールの選び方のコツはありますか。ウェブサイトなどで調べましたが、どこも良くみえてなかなか選べません。

A：スイスのサマースクールは勉強を学ぶのではなく、国際的環境で共同生活を学ぶ場所です。学校によってはサマーキャンプと呼ばれており、英語、フランス語などの語学授業を受けながら自然を楽しみ、スポーツを楽しみ、お友達をつくることが目的とされています。

サマースクールの選択ですが、まずウェブサイトで各学校のプログラムをご確認いただき、お子様の趣味や興味にあったアクティビティを提供する学校をお選びください。サッカー、ヨット、乗馬、ダンス、アート、音楽、またマジックやサーカスなどユニークなオプションをそろえている学校もあります。お子様の性格によって学校の規模（数十人から数百人の生徒数）や環境（街中や自然豊かな山中など）も大切な選択要因になるでしょう。

通常では7月コースと8月コースに分かれ、夏期2回サマースクールは開催されています。しかし日本の学校の夏休みの日程上、参加できるのは8月に限られてしまうと思います。毎年別のサマースクールを経験することが理想的ですが、もしむずかしいようでしたら、サマースクール前後日にほかの学校を見学することをお勧めします。ウェブサイトで情報を得ることは大事ですが、それ以上に学校の雰囲気を感じることが重要だと思います。必要がありましたら学校訪問のアレンジや同行もいたします。ぜひご相談ください。強制的にお子様をボーディング・スクールに入学させるのはお勧めしませんが、サマースクールでの体験はお子様ご自身の意思でスイス留学を希望する大きなきっかけになると思います。

2章

スイスのプライベートバンク、いったい何者？

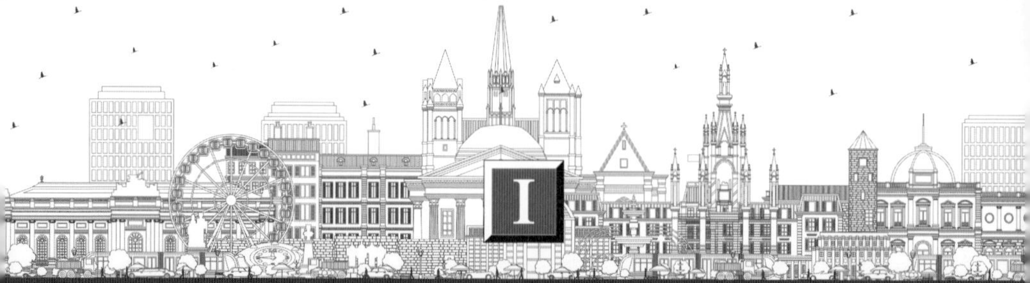

I　スイス銀行イコール「プライベートバンク」ではない

行内での写真はお断りします

「ここはディズニーランドではありません！　行内での写真は固くお断りします！」。観光客を注意するために走り回る警備員の姿はまるでネズミを追いかける猫の姿をみているようです。ジュネーブやチューリッヒ、またそのほかの主要都市の市街地にはUBS、クレディ・スイス、そして州立銀行など多くの商業銀行が立ち並んでいます。しかし行内に入ってみてもイメージしていた「プライベートバンク」とは程遠く、期待していたきらびやかさは感じられません。窓口で淡々と顧客対応を行っている行員たち、ATMが並ぶ姿は虎ノ門駅前の「みずほ銀行」や「りそな銀行」とさほど変わりません。

しかし高級ブティック街の近くにあるビジネス街の一角で人目を避けるように出入りする人たちを見つけたら、そこはもしかするとプライベートバンクかもしれません。プライベートバンクの多くはドアの横に「○○ Bank」、「Banque △△」と小さな表札が出ているだけで一見した限りでは到底銀行にはみえません。重厚な扉を開けてなかに入るとそこには決して華やかではないけれど上品かつ落ち着いた空間が広がっています。レセプショニストに名前を伝えると「○○様、お待ちしていました」と顧客用サロンに案内されます。「お飲み物はいかがなさいますか」。銀行というより高級ホテルの雰囲気に近いかもしれません。棚に並べられたマーケット情報や投資戦略に目を通していると、ドアをトントンと叩くと同時に担当バンカーが現れ「Hi, Good to see you!（こんにちは！　会えてうれしいです）」と笑顔で迎えてくれます。

資産運用の話は30分程度ですませ、子どもの教育の相談、さらに今後のライフプランについて語り合う、バンカーの仕事は顧客との信頼関係を深め、資産とその家族を守っていくことです。いままでにジュネーブを中心にローザンヌ、ヌーシャテル、チューリッヒ、そしてルガノで50以上のスイスのプライベートバンクを訪問してきました。200年以上の伝統を誇る銀行、財閥系の銀行、また外国人富豪がオーナーの銀行など各プライベートバンクには独自の歴史と特徴があります。

ジュネーブの旧市街にたたずむアントワープ・ダイアモンド銀行（Banque Diamantaire Anversoise。現在では解散しています）ではアートギャラリーのようなエレガントなたたずまいの行内が印象的でした。宝石・貴金属売買取引におけるサポート業務やアドバイスに強みをもち、宝石商人たちを含めた富裕層に資産運用を提供していました。

また、ムール・ダルグ銀行（Mourgue d´Algue & Cie、元プライベートバンカーで2018年のゴネ銀行により合併吸収）を訪問した際には、まさに時が止まったかのような世界観で伝統的プライベートバンキング・サービスを提供していたのが印象に残りました。社員数わずか20名足らずのムール・ダルグ銀行では数世代にわたる顧客とそのファミリーの資産を守ることに大きな使命感をもち、安定した経営をつらぬいていました。

プライベートバンクの「メッカ」であるジュネーブではいまでも多くの銀行が旧市街、もしくは銀行街に本拠地を構えています【図表 1】。

数十年前までは、わずか50メートル足らずの小路に5～6行のプライベートバンクが連なる姿を見かけることも決して珍しくはありませんでした。一部の超富裕層はカウンターパーティーや運用リスクの分散を図るため、複数のプライベートバンクと取引しています。9時にA銀行、11時から隣のB銀

図表1　プライベートバンクのメッカはジュネーブ

チューリッヒ本社	ジュネーブ本社
UBS銀行	ピクテ
クレディ・スイス銀行	ロンバー・オディエ
ジュリアス・ベア銀行	UBP
フォントベル銀行	ドイツ銀行
EFG銀行	HSBC銀行
NOMURAバンク	JP Morgan銀行
ゴールドマン・サックス銀行	BNP Paribas銀行

|出所|　筆者作成。

行、そして13時には向かいのC銀行内の顧客専用サロンでランチミーティングを行うなど銀行をはしごする顧客も少なくありません。

プライベートバンクのなかでも、とりわけEdmond de Rothschild（エドモン・ドゥ・ロスチャイルド銀行）のランチミーティングの際に振る舞われる食事は素晴らしいと評判でした。歴史と伝統を感じる本社のダイニングに通されるとロスチャイルド家の庭で栽培された野菜で調理された料理が一つひとつに家紋が記された食器に取り分けられます。お金では決して買うことのできない空間と時間を楽しみ、絶品料理を堪能する機会を得るのは顧客だけに与えられた特権です。

ちなみにロスチャイルド家が経営するプライベートバンクはスイスに2行存在します。チューリッヒに本拠を構えるRothschild & Co Bank AG、そしてジュネーブに本拠を構えるEdmond de Rothschildです。ロスチャイルド家の家紋に描かれている5本の弓はメイヤー・アムシェル・ロスチャイルド（ボウアー）の5人の息子たちを表しています。情報と人脈がビジネスのすべてだと確信したロスチャイルドは息子たちを当時の欧州の主要都市であったパリ（フランス）、ロンドン（イギリス）、ナポリ（イタリア）、ウィーン（オーストリア）そしてフランクフルト（ドイツ）にそれぞれ送り込みました。

パリ・ロンドン家系であり、デービット・ドゥ・ロスチャイルド、そしてその息子のアレクサンドル・ドゥ・ロスチャイルドが率いるRothschild & Coグループ（本社はフランス）は投資銀行業務に強みをもっています。そしてそのグループ企業のRothschild & Co Bank AGはスイスでプライベートバンキング業務を行っています。余談ですが、現フランス大統領のエマニュエル・マクロン氏はRothschild & Co出身の元インベストメント・バンカーです。

一方でパリ家系のEdmond de Rothschildグループ（本社はスイス）は当主であるバンジャマン・ドゥ・ロスチャイルド（2021年に逝去）とその妻のアリアンヌ・ドゥ・ロスチャイルドがプライベートバンク、またライフスタイル事業（スキー場、ホテル、ワイナリー、その他）の経営を行っています。親戚同士がオーナーの名門金融グループですが「ロスチャイルド」の名称使用をめぐる争いが絶えず2018年には株式持合いの解消が決行されました。3年にも及ぶ法廷闘争は解決したものの事実上絶縁状態に陥っていると噂されています。長い間、Rothschild & Co Bank AGはジュネーブで、そしてEdmond de Rothschildはチューリッヒで「Rothschild」の看板を掲げてプライベートバンキング業務を行わないと「ジェントルマン・アグリーメント」が交わされていました。しかし、いまではEdmond de Rothschildの本社の目と鼻の先の距離にRothschild & Co Bank AGはジュネーブ支店を構えています。

5本の矢のうち、パリ家、ロンドン家以外の3家は消滅してしまいました。その当時は世界の金融界を席巻していたといわれたロスチャイルド一族ですが、現在ではその絶大な影響力は失われています。アリアンヌ・ドゥ・ロスチャイルドはかたくなに否定していますがこの数年、Edmond de Rothschildが売りに出ているとの報道が絶えず、また多くのバンカーが退職をしています。

そもそもプライベートバンキングとは何ですか

私がプライベートバンキングに初めて触れたのは親友の紹介で学生のときにシングル・ファミリーオフィスでアルバイトを始めたのがきっかけでした。私のボスはエジプト系イギリス人の元ロイズ銀行のシニアバンカーで、若いときはイギリス空軍のパイロットであったといつも自慢げに話していました。

私の仕事はとてつもない数の売買報告書と通知書を用途ごと、また銀行ごとにまとめ手数料に誤りがないかを確認することでした。そのファミリーオフィスは中近東資産家兄弟が6つのプライベートバンクに運用を任せた資産の管理を行っていました。そのなかの1行に日系銀行もあり、不思議に思った私はなぜスイスでわざわざ日系銀行に資産を預けるのかと尋ねると「日本人は信用できる」からだと説明されました。

当時はバブルが弾けて間もなく、日本が国際的にも最も高い影響力と信用力を誇れる時期でした。オーナーたちがスイスを訪れるのは年に1回、彼らは信頼関係を最も重要視していました。スイスのプライベートバンクは殖やすことより守ることを優先し、世界中から集まる情報と商品、充実したライフスタイルサービスを提供しているのだとそのとき学びました。

スイスの金融産業は国民総生産の約10%を占める一大産業です。銀行や投資顧問会社に加え、保険会社、弁護士事務所、会計事務所、IT企業、警備会社など多くの専門業者がスイス金融産業には携わっています。実に労働者の10人に1人は金融業界に関連した職業に就いているといわれています。現在スイスには246行の銀行が存在しますがドイツには約1,560行、フランスには約540行、またイタリアには約500行の銀行があることを考慮すると特別にスイスに銀行が多いわけではないといえるでしょう。

またイギリスにはクーツ銀行、リヒテンシュタインにはLGT銀行、またドイツにはベレンベルグ銀行のように富裕層顧客御用達の銀行は存在しま

図表 2　オフショア資産の運用地（2018年）

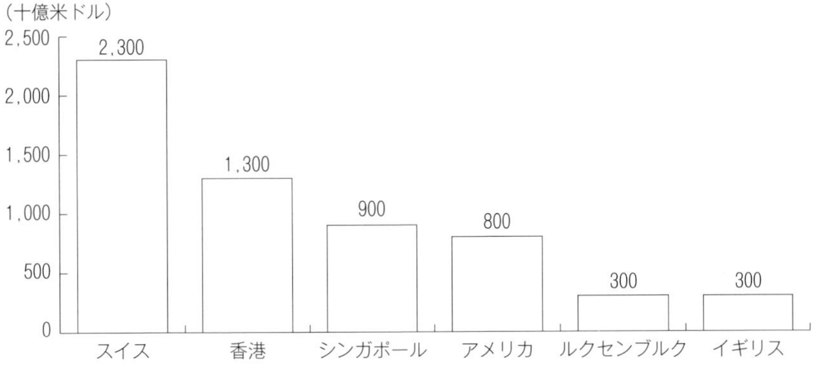

｜出所｜　Avril 2020 L'ASB et place financiere Suisse BCGより筆者作成。

す。では、なぜスイスの銀行が世界的な「ブランド」として認知されたのでしょう。それは徹底した守秘義務とグローバル運用サービスを地元の資産家だけにではなく世界中の富裕層に提供してきたからです。そして国際的信用力が最も高いスイスだからこそ顧客は安心して資産を預けられるのです。

もともとスイスの銀行は繊維産業などの貿易や商業活動を支援する金融機関として設立されました。その後、貿易事業などで大きな富を築いた商人たちの資産の運用・管理を目的としたプライベートバンクが誕生します。現在ではプライベートバンキングは多くのスイスの銀行の主軸業務であり総額7.9兆スイス・フラン（そのうち個人資産は3.7兆スイス・フラン）の預り資産を管理しています。またオフショア・プライベートバンキング市場においては香港やシンガポールをはるかに凌ぎ、実に25％の世界の個人資産がスイスで運用されています［図表 2］。

スイス銀行協会（SBA）は銀行のカテゴリーをその特徴ごとに8つのグループに選別しています。2019年には4行の大銀行、24行の州立銀行、94行の外資系銀行、1行の協同組合銀行、42行の資産運用銀行、60行の地方銀行、5行のプライベートバンカー、そしてその他16行が銀行免許を保有しスイスで金融サービスを行っています。

基本的にプライベートバンクと呼ばれているのは資産運用を主な業務として行っている外資系銀行の一部、資産運用銀行、そしてプライベートバンカーです。大銀行や大手州立銀行も充実した資産運用体制を整えていますがプライベートバンクとしてではなく商業銀行として認識されています。日本では顧客にプライベートバンキング業務を提供する営業担当者のことを一般的にプライベートバンカーと呼んでいますが、スイス銀行協会が指定する「プライベートバンカー」とは銀行形態のひとつです。

本書では営業担当者のことを「バンカー」もしくは「リレーションシップ・マネジャー」と呼ぶことにします。各カテゴリーの銀行の特徴や業務内容に関しては次節で説明します。

プライベートバンキングには明確な定義はありません。一般的に富裕層顧客とその家族、さらに彼らのビジネスや企業にかかわる総合的なニーズに対して包括的なアドバイスを提供する業務がプライベートバンキングと呼ばれています。世代を超えたお付き合いを前提に、顧客一人ひとりとその家族には専属のバンカーが長期的な観点から資産運用と管理を行います。

そしてプライベートバンキング業務に特化した銀行がプライベートバンクです。世界中の資産家たちは安全・安定を重視したポートフォリオの運用を得意とするスイスのプライベートバンクを利用し資産防衛と事業承継を行ってきました。その規模、形態、歴史、また対象客は実にさまざまです。知名度が低い銀行だから、また新規参入銀行だからマイナーであるとは一概にいえません。大手プライベートバンクでは金融資産の運用に限らず、欧州各地に保有する不動産やアートコレクションの管理、子どもの教育、移住やビジネス・事業に関する相談、また財団の設立など顧客とその家族にかかわるありとあらゆるニーズに応えるためのインフラと人材を備えています。

また時代の変化とともにプライベートバンクの経営ポリシー、対象顧客やサービス内容は変わりつつあり現在では大手プライベートバンクは年金や機関投資家を含めた法人向けのアセットマネジメント業務を収益の柱のひとつとしています。

顧客がプライベートバンクに最も求めるのは「信頼関係」と「コミュニケーション」です。そしてバンカーはいかなるときも最善のソリューションを提供し、顧客の生活を豊かにするためのサポーターです。

決して看板だけで選ぶのではなく、自分のニーズにいちばん当てはまるサービスを提供しているプライベートバンク、そして信用ができるバンカーと「結婚を前提」にした長い付き合いをお勧めします。

日本のプライベートバンキングの現状と課題

日本では本来、信託銀行がプライベートバンクの役割を、そして税理士がバンカーの役割を担ってきました。しかし信託銀行は不動産投資や節税対策、また資産・事業承継のアドバイスを得意とする一方で資産運用に関する商品の品揃えやノウハウは証券会社に比べて不足していました。

それは日本では一般的な銀行業務や融資業務は商業銀行、有価証券の売買や企業の資金調達（株式上場や増資）は証券会社、また資産管理や信託業務を行うのが信託銀行として、取り扱う商品やサービスによって金融機関や銀行の担当者が分別されていたため顧客の資産を総合的に管理するのがむずかしかったからでもあります。SMBCグループで例えると三井住友銀行、SMBC信託銀行、SMBC日興証券などが各自の金融サービスをそれぞれの顧客に提供しています。業務内容が重なり競合する局面もありますが、状況に応じて系列会社同士で顧客の紹介をし合うことや商品を共有することでグローバル・サポートが提供できる体制を整えてきました。いまでは体系の違いによるサービスや商品の垣根は昔に比べて低くなっています。

「○○証券、プライベートバンキング部の△△です」と自信たっぷりに名刺を差し出すバンカー。名刺に「プライベートバンキング」とつけるだけで会社やバンカーに箔がつくようです。響きは良いけれど、何か特別なサービスを提供しているのでしょうか。近年では多様化する顧客のニーズに対応するために、新しい収入源のひとつに育て上げようと、またトレンディーだから、と多くの金融機関がプライベートバンキング部門を立ち上げています。

しかし、バンカーの育成、充実した商品のラインアップ、またプライベートバンキング文化を構築することは一朝一夕では不可能です。充実した商品のラインアップとは単に多くの商品をそろえることではなく、顧客のニーズに最適な商品を開発することです。現在日本で提供されているプライベートバンキングは証券会社が行ってきた「商品を売る」延長線でしかありません。

日本で「プライベートバンキング・サービス」を浸透させるためには短期的な結果を求めるのではなく長期視点で組織をつくりあげる努力とトップマネジメントの強いコミットメントが重要です。そして「プライベートバンキング・ビジネス」を定着させるためにはクロスボーダールールの見直し、また海外から優れた商品、サービス、人材を円滑に取り込める体制などグローバルな視点に基づいた金融規制の緩和が必要条件であると考えられます。

スイスのプライベートバンキングには200年の歴史があります。そして多くの銀行では現金の引出しや家賃・電気代の払込みに加え、不動産ローンや有価証券担保ローン、また株式売買、資産運用・信託、為替取引、金の売買など一括した金融サービスをワンストップで提供できるインフラを備えています。さらにユニバーサルバンクでは投資銀行機能やトレード・ファイナンスなど法人向け業務を手がけることで総合的なニーズに対応できるプラットフォームを提供しています。

ところが、グローバル資産運用を得意とするスイスの銀行も日本に拠点を構えた時点でただの「日本の銀行」になってしまいます。なぜかというと日本の金融ルールを厳守する必要があるからです。そのため○○プライベートバンクも△△バンクも日本ではスイスと同様の金融サービスや商品を提供することができません。大手コンサルティング会社、キャップジェミニのワールド・ウェルス・レポートによると日本には340万人のミリオネアが存在し、彼らは総額8.1兆ドル（約868兆円）の資産を保有しています［図表3］。

図表3　世界のミリオネア（国別人数）

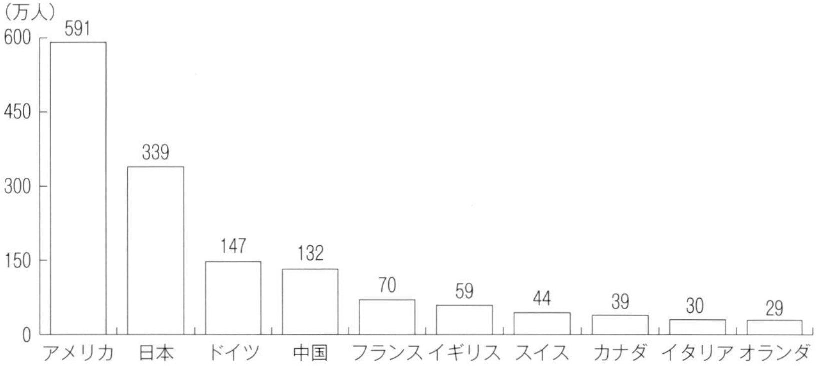

｜出所｜「ワールド・ウェルス・レポート2020」キャップジェミニより筆者作成。

アメリカに次ぐ大きな富裕層市場を誇る日本（他のコンサルティング会社のレポートでは中国が2位になっています）はプライベートバンキングを営む外資系金融機関にとって数字上では非常に魅力的なマーケットです。

しかし、この10年の間に日本でプライベートバンキング業務を展開していた多くの外資系銀行が撤退してしまいました。ソシエテ・ジェネラル（フランス）、シティバンク（アメリカ）、HSBC（イギリス）などがその一例です。商品やサービスの扱いに制限がある、不動産や税務アドバイスを含めた総合的なサービスを行うノウハウに欠ける、圧倒的な顧客基盤をもつ日本の金融機関に太刀打ちする術がない、コストが高くて採算があわないなどさまざまな理由でジャパンビジネスに見切りをつけてしまいました。

日本には数億円程度の資産をもつ資産家は多くいますが、数十億円単位の金融資産を有する超資産家（UHNW、ウルトラハイネットワース）は限られています。もしかして日本にはスイスに存在するようなプライベートバンクのニーズがそれほど高くないのかもしれません。

現在ではUBSやクレディ・スイスをはじめジュリアス・ベア、ロンバー・オディエ、ピクテ、UBP（Union Bancaire Privee）の6行のスイスの銀行に加えフォントベルが2020年末に日本に拠点を設けて東京や大阪、また名古屋に拠点を置き資産運用業務を行っています。ピクテとUBPの2行は日本国内でのプライベートバンキング業務からすでに撤退しており、フォントベルと同様、いまではアセットマネジメント業務に専念しています。最近ではゴールドマン・サックスが超富裕層を対象としたサービスを開始し、またLGT銀行（リヒテンシュタイン）がプライベートバンキング業務展開の準備を行っています。しかし現時点では日系と外資系の金融機関でウェルス・マネジメント・ビジネスを成功させているのは、ほんのひと握りのプレイヤーです。

日本がアジアにおける金融ハブになるためには金融規制を著しく緩和し、外資系金融機関の誘致を行う、また海外在住者の口座開設も許可し、マーケット自体を大きくしていく必要があります。さらに巨額の財政赤字を減らし日本の信用力を上げることや英語や中国語でサービスを提供できる金融インフラを築くことも必然です。日本のサービスは間違いなく世界で一番です。そんな日本を拠点に資産運用を行いたいと望むアジアの富裕層は間違いなく存在します。

外国の顧客を受け入れることでマーケットは活性化され、投資商品・サービスも充実します。その結果、国内の顧客にとっても大きなメリットがあるプライベートバンキング環境が創出されるでしょう。

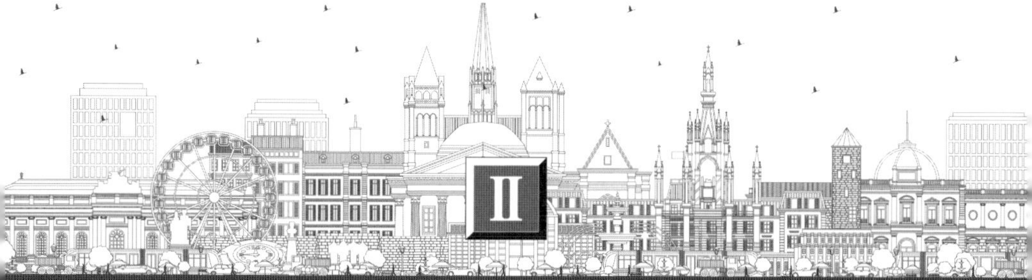

「スイス銀行」とその特徴――自分のニーズに適した銀行はどれかな？

日本にも信用金庫や地方銀行、また信託銀行や都市銀行があるようにスイスにも多くの種類の銀行が存在します。しかしパートナーによる「無限責任制」のプライベートバンカーの存在はスイス銀行の特徴のひとつです。スイスでは銀行は「大銀行」、「州立銀行」、「地方銀行」、「資産運用銀行」、「外資系銀行」、「プライベートバンカー」、「ライファイゼン銀行」、「その他の銀行」の8つのグループに分別されています。グループによって存在目的や業務内容、また法的な立ち位置が異なることもあります。以下が主な銀行協会の一覧です。

・Swiss Bankers Association（スイス銀行協会）
・Banque Domestiques（国内銀行協会）
・Union des Banque Cantonales Suisse（州立銀行協会）
・Association des banques régionales Suisses（地方銀行協会）
・Association of Swiss Asset and Wealth Management Bank（資産運用銀行協会）
・Association of Foreign Banks in Switzerland（外国銀行協会）
・Swiss Private Bankers Association（スイス・プライベートバンカー協会）
・Association of Swiss Private Banks（スイス・プライベートバンク協会）
・その他

大銀行——「ワンストップ・ソリューションが強み」

UBSグループとクレディスイス・グループはスイスを代表するユニバーサルバンクであり商業銀行、投資銀行、プライベートバンキング、アセットマネジメント、そしてリテールバンキングを含む総合金融サービスを提供しています。両行の前身はおよそ160年前に設立され、その後、統合と買収を繰り返すことで事業規模を拡大していきました。UBSはペインウェバーやディロン・リードに加えてSGウォーバーグを、そしてクレディ・スイスはファースト・ボストンなど優良金融機関を買収することで投資銀行事業にも本格参入しています［図表4］。

世界最大の資産運用会社であるUBSウェルスの預り資産は約2.6兆ドル（ADV Ratings 2020年6月のランキング1位）に達し、クレディ・スイス・プライベートバンキングは約1.25兆ドル（ADV Ratingsランキング2位、データソースによって2位から6位）の資産を世界中の資産家から預かっています。

両行の最大の強みは企業オーナーや超富裕層に対してプライベートバンキング・サービスに限らず商業銀行や投資銀行のサービスをワンストップで提供できることです。そして欧州、北米、南米、中近東、そしてアジアなど約50カ国に進出している両行の世界規模ネットワークとインフラを活用したサービスと金融商品は非常に魅力的です。

日本でもUBS、クレディ・スイスは投資銀行とプライベートバンキングの両業務を行う唯一の外資系銀行として活動しています。UBSジャパンは三井住友信託銀行と日本国内でウェルス・マネジメント・ビジネスの提携を発表し2021年から合弁事業を開始しています。UBSのもつ資産運用と商品のノウハウ、そして三井住友信託銀行の強みである不動産や信託関連の商品とサービスを一括で提供できる金融機関が誕生しました。一方でクレディ・スイスは2012年にHSBCジャパンのプライベートバンキング部門の買収を行い、さらなる事業拡大に臨んでいます。

図表4　主なスイス金融機関の預り資産額

（単位：十億スイス・フラン）

金融機関名	2017年	2018年	2019年
UBS（注1）（注2）	3,262	3,101	3,607
クレディ・スイス（注2）	1,376	1,345	1,507
ピクテ	509	496	576
ジュリアス・ベア	388	382	426
ロンバー・オディエ	274	259	299
フォントベル	187	193	226
サフラ・サラシン	170	165	186
エドモン・ドゥ・ロスチャイルド	137（注3）	128	173
EFG	143	131	154
UBP	125	127	140

|注1|　単位：十億ドル
|注2|　ウェルス・マネジメント部門以外のグループ全体の預り資産を含む。
|注3|　フランスにおける事業を計上している。
|出所|　各社アニュアルレポートより筆者作成。

本来プライベートバンキング事業は預り資産に対して一定の収入が継続的に見込めるビジネスモデルであるため安定した経営状態を保つことが望めます。しかし景気動向や金融市場による影響が収益に大きく反映される商業銀行や投資銀行では経営判断のわずかな誤りが命取りになることもあります。まさにリーマン・ショックはスイス二大銀行を窮地に追い込んでしまいました。莫大な損失を被り倒産危機に直面していたUBSは2008年10月、スイス政府とスイス国立銀行（National Bank of Switzerland、BNS）による大規模な資金援助によって救済されました。当時のBNS総裁、ジョンピエール・ロット氏は緊迫したスイスの金融システムを守るためにはUBSの救済が不可欠であると国民に説いていました。幸いなことに現在ではUBSはサブプライムローン危機から完全に立ち直っており、BNSにおいてはこの救済劇で最

終的に50億ドル以上の利益をあげています。

UBSほど深刻ではないにせよ、同じく経営危機に直面していたクレディ・スイスはカタール投資庁（Quatar Investment Authority、QIA）を含めた海外の機関投資家からの資金援助を受け非常事態を乗り切っています。

リーマン・ショックをきっかけに金融機関の危機管理対策の重要性が再確認され、スイスでもToo Big to Fail制度（TBTF：大きすぎてつぶせない）が導入されました。かくして二大銀行グループの組織改正が行われ両行の国内ビジネス（オンショア）と海外ビジネス（オフショア）は切り離されてしまいます。もし海外ビジネスが壊滅的な危機にさらされる状況に陥っても国内の金融事業とスイス国民に被害が及ぶのを防ぐためです。現在ではUBSグループはUBS Switzerland AG（スイス国内業務）とUBS AG（国外業務）に、またクレディスイス・グループはCredit Suisse Schweiz AG（スイス国内業務）とCredit Suisse AG（国外業務）でそれぞれが金融ビジネスを展開しています。

最近ではプライベートバンク部門業務と投資銀行部門業務の間での利益相反が問題視される事故が絶えません。その結果、大手銀行にはさらに厳しいコンプライアンスとリスクマネジメント体制の強化が求められています。

大手銀行に限ったことではありませんが、最近では現場の経験が乏しい「プロ」のマネジャーが増えている傾向が見受けられます。バンカーたちを管理し指導する立場にあるチームリーダー、セクターリーダー、また部門リーダーのなかにはバンカーとしての経験や実績が浅く、バンカーが日常的に直面する問題点や困難を理解していない上司も少なくありません。そして「エクセルスプレッドシート・マネジメント」と呼ばれるように、数字のみに基づいた部下の評価が一般化している現状にバンカーたちは不満をもっています。

顧客の利益率は常時モニタリングされており、バンカーにはいかに収益率を上げるかのみが求められています。株主に対する義務がある以上、利益を追求するのは仕方がないことです。さらに企業を経営していくうえで一定の収益を確保できない限り、一流のサービスを継続していくことは不可能です。しかし目先の利益にとらわれプライベートバンキングの真髄である「顧客との長期的なお付き合い」は二の次にされている状況は、一見すると証券会社のように数字だけにこだわる経営方針とさほど変わりません。

本来、プライベートバンキングは「ホスピタリティ」と「顧客満足度」の向上を追求するはずなのですが。

州立銀行──「州による保障制度が魅力」

州立銀行は地元密着型の金融機関であり主に地元の法人や個人客に対するコーポレートファイナンスや不動産融資、またリテールバンキング業務を得意としてきました。そしてスイス人口の半数は州立銀行の顧客であるといわれています。

もともとスイスには各州（全26州）に1行、もしくは2行の州立銀行が存在しました。しかし業界編成の結果、現在では24行の州立銀行が存在します。州立銀行の活動源は地元の経済規模に大きく影響されています。ウナー州立銀行（ウーリ州）やアッペンゼラー州立銀行（アッペンツェル・インナーローデン州）のように社員数が100人にも満たない州立銀行もあるなか、商業首都であるチューリッヒ州に活動基盤を構えるチューリッヒ州立銀行（ZKB）はUBS、クレディ・スイス、ライファイゼン・スイスに続くスイスで最も影響力をもつ銀行です。世界で信用度が最も高いトリプルA（AAA）の格付を保有する銀行は世界に数行しかないなか、ZKBはスイスで唯一トリプルAの格付を格付会社であるスタンダード＆プアーズ、ムーディーズ、そしてフィッチから得ています。

ちなみにUBSグループAGのスタンダード＆プアーズ長期カウンターパーティーレーティングはAマイナス、クレディスイス・グループAGはBBBプラス、そして三菱UFJ FGと三井住友FGの長期レーティングはAマイナスです。

ローカルなイメージが強い州立銀行ですがそのサービス力や商品力は非常に高く、多くの一流のバンカーが所属しています。ZKBやヴォー州立銀行(BCV)では資産運用サービスも非常に充実しています。そして州内および隣国の富裕層を対象にしたプライベートバンキング業務に加え年金基金運用など法人資金の運用も得意としています。

また州立銀行では最古の歴史をもつジュネーブ州立銀行(BCGE)は地元の経済活動をサポートする傍ら「ジュネーブ・インターナショナル政策」の一環としてジュネーブに本拠地を構える国際企業へのビジネスのサポートを行ってきました。BCGEは現在ではヴォー州、チューリッヒ州やバーセル州にも進出しており、さらに香港やドバイ、そしてフランスに海外拠点を設けて事業拡大を図っています。

州立銀行の最も大きな特徴、そして優位性は「預金に対する保障」が適用されていることです。BCV、ベルヌ州立銀行、そしてBCGE(限定的な保障)の3行を除く21行には州による保障制度が設けられています。スイス銀行に口座を保有する顧客はエシスイス協会(Esisuisse)により預金の10万スイス・フラン(約1,100万円)までが保証されていますが、州立銀行の顧客には普通口座、定期、年金口座に預金した残高や保有する州立銀行の債券に対して無制限の保障がされています。しかし近年のスイス政府と欧州連合の金融制度の動向をみる限りでは、将来的には現在の保障制度は廃止される可能性も高まっています。

外資系銀行――「スイスの金融業界の発展に大きな貢献」

外資系銀行の存在なくしてスイスのプライベートバンキングがここまで発展することはなかったかもしれません。もともとスイスを拠点とする外資系金融機関は主に法人向けサービスを行っていましたが、時代の変化とともにスイスにプライベートバンキング拠点を設け活動するようになりました。彼らの多くは商業中心地のチューリッヒ、またプライベートバンクのメッカであるジュネーブに拠点を置いています。

ドイチェバンク（ドイツ）やクレディ・アグリコール（フランス）、またバンコサンタンデール（スペイン）など欧州系銀行が約70％、中国工商銀行（中国）など約15％がアジア系、そしてJPモルガンなど約10％が米系の銀行です。バブル期には四大証券会社（山一證券、野村證券、大和証券、日興証券）を含めた多数の日系証券会社もジュネーブやチューリッヒに進出して銀行ライセンスを取得していました。山一證券や野村證券、また東京三菱銀行（現三菱UFJ銀行）やみずほ銀行のようにプライベートバンキングを行う日系金融機関も多く、住友銀行（現三井住友銀行）においては名門ゴッタルド銀行を買収して間接的ではありますが伝統的なスイス・プライベートバンキング業務に参加していました（ゴッタルド銀行は後にBSI銀行と統合、そしてBTGパクチュアルを経て現在ではEFG銀行に売却）。さらにスイスに集まる巨大な資金は株式投資を通して日本の経済活動にも大きく貢献し、スイスの金融市場で資金調達を行っていた日本上場会社も少なくありません。しかし残念ながらバブル崩壊以来、スイスの金融機関が保有する日本株の投資残高は激減してしまい、現在では野村證券と大和証券以外の日系銀行・証券会社はすべて撤退してしまいました。

トレード・ファイナンス（商品取引）の資金サポートを得意とする外資系銀行もスイスには欠かせない存在です。スイスは世界で最も重要な商品取引センターのひとつであり、世界で売買されている金属（金、銅、鉄など）やコーヒー豆の約60％、砂糖の約50％、原油、また穀物の約35％はスイスで取引されています。世界最大手の商品専門商社のビトル、グレンコール、トラフィギュラ、マーキュリアをはじめ、その他500社以上の企業がジュネーブ、ルガノやツークに拠点を構え商品取引を行っています。そしてその巨大な資金調達・融資や金融サポートをスイスで活動する金融機関が補っています。商品を運送するギリシャの船主たちがスイス銀行の上顧客であるのは、このような背景があるからです。

ちなみに業界のメジャープレイヤーであったBNP Paribas（フランス）は2020年の9月にビジネスリスクの見直しを理由にトレード・ファイナンス事業からの撤退を発表しています。またプライベートバンキング・ビジネスが軌道に乗らず、一度はスイスを撤退していったバンク・オブ・チャイナ（中国）が2021年にジュネーブで新たにトレード・ファイナンス業務の拠点を設けたことは大きな話題となっています。

20年ほど前から多くの外資系銀行がレピュテーション・リスク（否定的な評判が広まることによって企業の信用やブランド価値が低下するリスク）やビジネスリスク、そしてレギュレーション・リスクを理由にスイスオペレーションを売却、または清算して撤退してしまいました。彼らにとってスイス拠点から得る収益は本国・本業で得る総利益のごく一部であり、非常に高いコンプライアンス・スタンダードが求められる現社会においてスイスでプライベートバンキングを継続することは大きなリスクになってしまいました。スタンダード・チャーター（イギリス）やロイヤル・バンク・オブ・カナダ（カナダ）をはじめ、ING（オランダ）やメリルリンチ（アメリカ）など世界大手銀行はスイスから撤退し、自国、またはアジアを拠点とした資産運用事業に専念しています。

その一方で、最近ではスイスでのビジネスに魅力と可能性を確信する外資系銀行によるスイス系プライベートバンクの買収事例も多く目にするようになりました。外資系銀行は現在もスイスのプライベートバンキングの大きな活動力となっていることに間違いはありません。

プライベートバンカー――「正真正銘のプライベートバンク」

「プライベートバンカーとは無限責任の象徴であり、自由、独立、伝統、能力、および世界開放への概念を表しています。そしてプライベートバンカーはニュースから報じられる混乱や不安に影響をされることなく長年培ってきた価値観に忠実であり続けます」

引用：プライベートバンカー協会

プライベートバンカーは皆さんがイメージしているスイスのプライベートバンクに最も近い金融機関です。プライベートバンカーとは銀行の経営者兼オーナーであるパートナーによる「無限責任制」の銀行です。それは、もし銀行が経営破綻してしまったらパートナーは自らの全財産を失うことに値します。健全な企業経営に努め、銀行を守ることは顧客の資産を守ると同時に自分たちの資産を守ることでもあるのです。

安定を重視した共同経営、そして共同責任のシステムはスイスの政治体制と多くの共通点をもっています。パートナーは競合相手である他行のパートナーとも密接な交流関係を保ち、同じ志をもつ仲間として数百年に及び受け継がれてきたプライベートバンカーの文化と伝統を守ってきました。現に、つい数年前まではプライベートバンカー間での行員の引抜きでさえ禁止されていました。

イバン・ピクテ氏（前シニアパートナー、前ジュネーブ・ファイナンシャル・センター会長）やピエール・ミラボー氏（前シニアパートナー、前プライベートバンカー協会会長）、そしてパトリック・オディエ氏（シニアパートナー、前プライベートバンカー協会会長）などカリスマ経営者による強いリーダーシップのもと、プライベートバンカーは度重なる海外政府からの圧力や金融危機を乗り越えてきました。

しかしグローバリゼーションが進み、金融規制が著しく厳しくなった現在、プライベートバンカーがその伝統的な組織体制を維持することは困難になってしまいました。この30年間で事業規模を拡大してきたプライベートバンカーにとって、パートナーが銀行の経営状態に対して全責任を負うことは実質的に不可能となったからです。また昔から多くの隠れ資産を預かってきたスイス銀行には巨額賠償金リスクがのしかかっています。

プライベートバンカーのビジネスモデルの見直しは必須事項になってしま

いました。元スイス最大のプライベートバンカー、ピクテでは1945年にはわずか70人程度の社員しかいなかったのが1975年には300人、2005年には2,000人、そして現在では5,000人に激増しています。

ジュネーブ州大手プライベートバンカー3行のピクテ（Pictet & Cie）、ロンバー・オディエ（Lombard Odier & Co）、ミラボー（Mirabaud & Cie）は2014年に無限責任制パートナーシップとして経営されてきたプライベートバンカーの長い歴史に幕を閉じ、有限責任制パートナーシップの株式会社に組織変更を行いました。それに続くようにゴネ（Gonet & Cie）も2016年にプライベートバンカーとしての組織に終止符を打つと発表しました。パートナーシップ制のプライベートバンカーには財務報告の一般公開の義務は課せられていません。かくして200年もの間、闇に包まれていた元プライベートバンカーの業務内容が公表されたのでした。

プライベートバンクも時代とともに進化をしていかなければ消えてなくなってしまう。そんな危機感から元プライベートバンカー大手3行ではアセットマネジメント事業を大きな収益柱に育て上げました。そして多くの銀行が現在では投資信託、法人資金、また年金基金の運用に力を入れることでプライベートバンキング業務の衰退リスクをヘッジしています。

さらにロンバー・オディエにおいては社内開発したバンキング・ソフトウエアを他行に販売することで、新たな収入源を築き上げました。銀行にとって高性能の資産運用・管理システムや情報管理システムのIT設備はデジタル化が進む今日において必要不可欠です。ロンバー・オディエのバンキング・ソフトウエアは市場からも非常に高い評価を得ています。

生き残っていくために、そして成長していくためには伝統的なプライベートバンカーでさえ新しいことにチャレンジする勇気が必要な時代です。まさにピクテ本社移転の決断は一世一代の大勝負であったといっても決して大袈裟ではないほどの大きな賭けにみえました。長年本拠地を構えてきた歴史的建造物の「ピクテ本社」を売却して街外れの自動車ディーラ街に引っ越しをしたからです。だれもが「ピクテは気が狂ったのか、取返しのつかない過ちを経営陣は犯している」と心中でつぶやいたはずです。しかし最新設備を導入して築かれたピクテ新本社に入ると、モダンなたたずまいのなかに以前と変わらず伝統と歴史の重みを感じる非常に心地よい空間が広がっています。そしてピクテが現在本社を構えるアカシア地区は、再開発エリアとしてインフラ整備が着々と進んでいます。チャールズ・ピクテ氏による次の200年を見越した決断は大成功であったと認めざるをえません。同じように近代的ビルにオフィスを構えるシンガポールや香港のプライベートバンクでは決して味わうことがない優越感を顧客は楽しむことができます。

スイス・プライベートバンカー協会（Swiss Private Bankers Association）が設立された1934年当初には48行、1941年には81行、1964年には53行、そして1986年には24行存在したプライベートバンカーは現在たったの5行しか残っていません。チューリッヒを本拠にするラン・アンド・ボッドゥマー（Rahn+Bodmer & Co）、バーゼルのバーマン（Baumann & Cie）、グッツヴィラー（E. Gutzwiller & Cie）、ルツェルンのライヒムース（Reichmuth & Co）、そしてジュネーブのボルディエ（Bordier & Cie）のみです。

ボルディエは2020年6月に会社形態の変更を発表しました。新形態では株式会社と同様の会計基準が適用（経営的には優位）されていますが、パートナーの無限責任制や財務報告義務の免除などプライベートバンカーとしての体制は維持したままです。20年後、30年後にプライベートバンカーが存在しているかはわかりません。パートナーシップ制を維持していくのは至難の業になると予想されます。

資産運用銀行――「巨大化が進むプライベートバンク」

資産運用銀行は主にプライベートバンキング業務に従事しています。しかし近年では彼らの多くは投資信託や年金基金の運用を含むアセットマネジメント事業にも力を入れています。資産運用銀行にはピクテやロンバー・オディエ（元プライベートバンカー）のように200年以上の歴史をもつプライベートバンクもあれば比較的最近に設立された銀行も多く、SYZ銀行は1996年に設立され、レイル銀行（Reyl & Cie）は2010年に銀行ライセンス（投資顧問会社として1973年に設立）を取得しています。またスイス系プライベートバンクにはジュリアス・ベア（Julius Baer）やフォントベル（Vontobel）のような上場会社をはじめ、オーナー系のエドモン・ドゥ・ロスチャイルド（Edmond de Rothschild）、またピゲ・ギャラン（Piguet Galland & Cie、ヴォー州立銀行傘下）のように金融グループの子会社など、さまざまな組織形態が存在します。

もともとプライベートバンクはオーナー・パートナー家によって経営されてきました。そしてその長い歴史のなかで銀行名やオーナーが変わることも度々ありました。本来のプライベートバンクの真髄は「スモール・イズ・ビューティフル（小さいことは美しい）」でした。

「安定した経営体制」を維持し「安全を最重視した運用とカスタマイズ・サービス」を「特定の顧客層」に提供するには小規模の銀行がいちばん適していたからです。しかしオペレーションコストが急増してしまった近年では、プライベートバンクを存続させるためには最低でも100億スイス・フランの預り資産が必要だといわれています。

コンプライアンス強化や金融規制に対応するためのコストが激増した影響もあり、プライベートバンクの損益分岐点は年々高まっています。その結果、大手プライベートバンクは経営難に苦しむ小規模銀行やスイスから撤退を決断した外資系プライベートバンクを積極的に買収することによって運用残高を飛躍的に伸ばしてきました。

ヘッジファンド関連商品の運用に強みをもつUBPはABNアムロ（ABN Amro、オランダ）やロイズ（Lloyds、イギリス）、またクーツ（Coutts、イギリス）など大手優良銀行の国際プライベートバンキング部門を次々と買収しています。1969年にエドガー・デ・ピチョットが設立したUBPは50年足らずでスイスで最も大きい資産運用銀行のひとつに育ちました。

またチューリッヒの中堅銀行であったジュリアス・ベアは200年以上の歴史を誇るフェリエ・ルーラン（Ferrier Lullin、ジュネーブ）やエヒンガー・アンド・アーモン・フォン・エルンスト（Ehinger & Armand von Ernst、チューリッヒ）、そしてバンコ・ディ・ルガノ（Banco di Lugano、ルガノ）をUBSから買収し、さらに2010年にINGスイス、2012年にはメリルリンチ・スイス（Merrill Lynch Suisse）を吸収することでスイス最大級のプライベートバンクに成長しました。アレックス・ウェイドマー社長の後任者（突然の逝去であったため一時的にほかの暫定社長が置かれました）として、当時弱冠35歳の若さで抜擢されたカリスマ経営者のボリス・コラルディ氏はアジア市場の急速な成長を見越した積極的な経営手段でシンガポール・香港の拠点を拡大させ大きな成功を収めています。一時にはクレディ・スイスによるジュリアス・ベア、もしくはジュリアス・ベアによるクレディ・スイス（リバース・テイクオーバー）の買収の噂も絶えず、大手プライベートバンクでさえ消滅してしまう可能性が高まっています。そして激化する競争のなか、強みをもたない中堅資産運用銀行からの客離れは加速していくでしょう。資産運用銀行の数は減少傾向をたどり、さらなる業界の編成が予想されています。

ちなみにコラルディ氏は2018年以来、名門ピクテのパートナーとして同社のアジアビジネスの促進を指揮していました。しかし彼のあまりにもアグレッシブな経営ポリシーとピクテの企業風土があわなかったのでしょう、2021年の9月に退社してしまいました。

地方銀行、その他の銀行――「ライファイゼン銀行はスイス最大のリテールバンク」

スイス国立銀行はUBS、クレディ・スイス、チューリッヒ州立銀行、ライファイゼン・スイス、そしてポストファイナンスをシステミックバンクに指定しています。

システミックバンクとはその事業規模の大きさから、万が一経営破綻が起きた場合に「経済全体に与える悪影響は計り知れない」と判断された銀行です。システミックバンクには追加資本の積立が義務づけられており健全な経営状態を維持する社会的責任が課せられています。金融安定化フォーラムによって世界レベルでシステミックバンクに指定されているのは大手30銀行でありそのうちスイスの銀行ではUBSとクレディ・スイス、日本では三菱UFJ FG、みずほFG、そして三井住友FGです。

ライファイゼン・スイス（ライファイゼン・グループ）は1899年に設立された協同組合銀行グループであり、UBS、クレディ・スイスに次ぐスイス第三規模の金融グループです。ライファイゼン・スイスはスイス全土に847の拠点（229行のライファイゼン銀行）を構え380万人の顧客をもつスイス最大のリテールバンクです。郊外地域振興に深くかかわりスイスの文化活動に積極的に参加することで地元の経済活動に大きく貢献してきました。ネットバンキングの需要が伸びている現在では支店数自体は減らしながら活動を行っていく一方で、最近ではチューリッヒやジュネーブを含む都心部にも支店を構えるようになりました。リテールバンキングを中心に営んできたライファイゼン・スイスですが、数年前に本格的なプライベートバンキング業務への進出を試みています。

実に、アメリカ政府との訴訟の末に崩壊した名門ヴェゲリン銀行（アメリカ関連顧客を完全に切り離して新設されたプライベートバンク、ノーテンシュタイン銀行）を2012年に引き継いだのです。ノーテンシュタイン（Notenstein）はその後、バーゼルの老舗バンク、ラ・ロシュ（La Roche）を買収しプライベートバンキング事業の拡大に臨んでいました。当時の中期経営計画ではさらなる買収にも積極的に臨むなど、3～5年以内に預り資産を倍増させる意向があったようです。しかし計画は断念されノーテンシュタイン・ラ・ロシュは2018年にフォントベル（Vontobel、チューリッヒ）に売却されてしまいました。

ちなみにライファイゼン・スイスはオーストリア大手商業銀行のライファイゼン銀行とは、いっさい資本関係はありません。

地方銀行は日本の信用金庫に値する地域密着型の金融機関です。1990年代に起こった不動産危機の際に統合や合併が繰り返され、当時約200行あった地方銀行は現在では約60行しか残っていません。彼らの大半はドイツ語圏で活動しており主にリテールバンキングと不動産ローン業務を行っています。一部の地方銀行では資産運用サービスも提供していますが商品のラインアップやサービスはきわめて限定的であり、資産運用銀行が提供しているウェルス・マネジメント・サービスのクオリティーには及びません。

その他の銀行にはポストファイナンス（Postfinance、ベルン。日本郵政に相当）やミグロバンク（Migros Bank、チューリッヒ）など上記のカテゴリーに当てはまらない銀行が含まれます。投資顧問会社やファミリーオフィス向けのサービスに特化した金融サービスを提供する銀行、また暗号資産を専門に取り扱う銀行も「その他の銀行」に選別されています【図表 5】。

図表 5　スイス金融機関数（種類別・年別）

（単位：社）

種類	主な金融機関	1980年	2000年	2019年
大銀行	UBS AG、CS AG	5	3	4
州立銀行	ZKB、BCGE、BCV	29	24	24
地方銀行	Bank Avera、EEK Bank	220	103	60
ライファイゼン銀行	Raiffeisen Bank	2	1	1
外資系銀行	BNP Paribas、Deutsche Bank	99	150	94
プライベートバンカー	Bordier、Reichmuth	25	17	5
資産運用銀行	UBP、Julius Baer	93	57	42
その他	Postfinance、Seba Bank	—	20	16
合　計（年別）		473	375	246

｜出所｜　各種資料より筆者作成。

暗号資産専門銀行は暗号資産を担保にしたロンバー・ローン（Lombard Loan、有価証券担保ローン）、また現物資産のトークン化などユニークなサービスを展開して多様な顧客ニーズに対応しています。

大手プライベートバンクでは暗号資産の取扱いに関するガイドラインの作成を始めており、将来的には多くのプライベートバンクで暗号資産が投資対象のひとつとして取り扱われる可能性は高いかと思われます。しかし資金の出所と流れの査定がきわめてむずかしい暗号資産関連の資金を幅広く受け入れる体制を構築するには、まだ時間がかかりそうです。

投資顧問会社——「中立的な立場で資産運用・投資アドバイスを行う」

上記8つの銀行グループには入っていませんが、スイスのウェルス・マネジメント業界を語るうえで欠かすことができないのが投資顧問会社の存在です。投資顧問会社はプライベートバンクにとって重要なクライアントであり、ビジネスパートナーです。それは投資顧問会社が運用を任されている顧客の資産は、プライベートバンク（カストディアンバンク）で信託・管理されているからです［図表6］。

その数は3,000社ともいわれておりスイスで運用される約15%の資産を管理しています。銀行によって投資顧問会社をエクスターナル・アセット・マネジャー（External Asset Manager、EAM）、インディペンデント・アセット・マネジャー（Independent Asset Manager、IAM）またサード・パーティー・アセット・マネジャー（Third Party Asset Manager）と呼んでいます。

多くの投資顧問会社は銀行や大手金融機関との資本関係をもっておらず、独立系金融機関として中立的な立場を厳守した投資アドバイスを行っています。数千万相当の金額から資産運用サービスを提供する投資顧問会社、資産家一族の資産を総合的に管理するファミリーオフィス、また複数の資産家ファミリーの資産を管理するマルチ・ファミリーオフィスなど投資顧問会社

図表6　スイス投資顧問会社とカストディアンバンクの関係

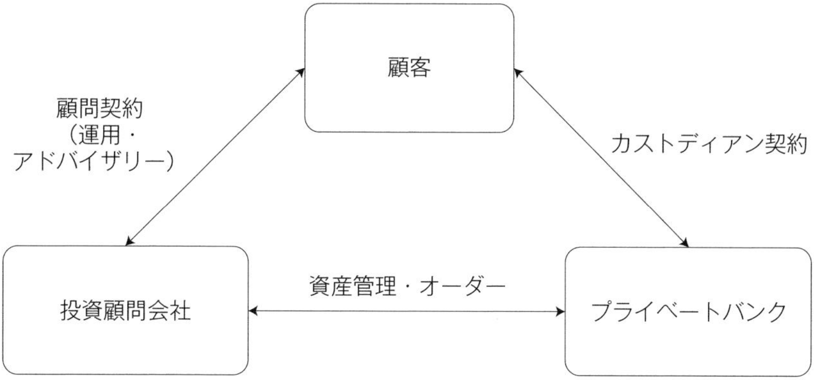

|出所|　筆者作成。

の規模、対象顧客、また業務内容や会社の目的はさまざまです。

スイスの投資顧問会社はSSAM（Swiss Association of Asset Manager、ドイツ語ではVSV、フランス語ではASG）、OARG（Organisme d'Autoregulation des Gerant de Patrimoine）やARIF（Association Suisse Romande des intermediare Financiers）などの資産運用業務管理協会に加入することで、金融レギュレーションを厳守した資産運用サービスを提供しています。そして2022年末までにFINMA登録が義務づけられています。

顧客にとって投資顧問会社を利用する最も大きなメリットは「銀行の都合」ではなく顧客のニーズにあわせた金融商品やサービスが提供されることです。彼らは主に3つのサービスを提供しています。

資産運用

投資顧問会社の主な業務は投資アドバイスと一任運用を含む金融資産の運用サービスです。

プライベートバンクでは業務の生産性や効率性が重視されるため、通常では運用資金が1,000万ドル相当以下の顧客には標準化されたポートフォリオ

（トラディショナル運用については、4章参照）が提供されます。その一方で、投資顧問会社では比較的少額からでもテーラーメイドの投資提案や一任運用ポートフォリオ（ビスポークと呼ばれるテーラーメイドの一任運用については、4章参照）が提供されるのが大きなメリットです。また投資顧問会社は複数のカストディアンバンク（6章参照）と契約をしているため、プライベートバンクと比べてもマーケットや金融商品に関する情報は充実しています。

たとえば10社のカストディアンバンクと業務提携をしていれば、各行の株・債券・ファンドの推奨リストや投資戦略にアクセスすることが可能になるからです。

ポートフォリオのモニタリング

プライベートバンクで運用されているポートフォリオのモニタリングを投資顧問会社が代行するサービスです。

顧客がプライベートバンクに一任したポートフォリオが約束どおりに運用されているかを監視することに加え、運用成績の分析を行います。そして時にはプライベートバンクと手数料交渉も行い、運用成績やサービスに問題があると判断した場合には、代替のプライベートバンクやその他のサービスプロバイダーを紹介することもあります。

まさにトラスティ（信託資産を所有し、信託の管理をする個人または法人）のような立ち位置で顧客のメリットだけを追求します。また顧客によっては複数の金融機関に資産を分散して管理していることも珍しくありません。しかし、プライベートバンクによって報告書の内容や書き方が異なるため、総合的に資産状況を把握することが困難な場合もあります。そのような場合には、投資顧問会社に資産の管理を任せることによってコンソリデーションサービス（資産全体を一覧できるレポーティングの作成など）が提供されます。

ライフスタイルのサポート

事業・資産承継やライフスタイルサービスなど顧客とその家族の生活と夢

を実現させるためのサポートです。シングル・ファミリーオフィスやマルチ・ファミリーオフィスでは、家族が抱える課題に対して包括的なサポートを提供する体制を整えています。

顧客のニーズにあわせて弁護士、会計士、不動産会社やトラスティなど、状況にいちばん適したスペシャリストをそろえたプロジェクトチームをつくりあげ、フルサポートが得られるのはとても魅力的です。プライベートバンクでも大口の顧客には、社内ソリューションを駆使したライフスタイルサポートを行っています。

一方で、投資顧問会社は案件ごとに最適な外部のビジネスパートナーを選択します。銀行の「囲い込み」を避けるために外部のサービスプロバイダーを提案するのも投資顧問会社の役目です。たとえば○○銀行の関連会社△△でトラストを組成するより、中立的なトラスティを任命するほうが銀行に対する縛りが少なくなり自由度が増すこともあります。

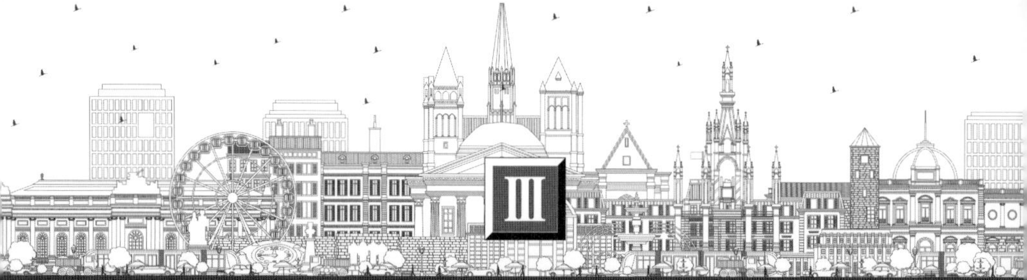

プライベートバンクの顧客たち

スイスで資産管理を行うのは世界の常識

世界中の富裕層たちは大事な資産を安全なスイスで長期にわたって管理してきました。スイス銀行協会の統計（2018年）によるとスイス銀行の外国人顧客の約42％は西欧、18％が中近東、13％が南米、12％がアジア、7％がCIS（旧ソ連の12カ国）、5％がアフリカ、そして3％が東欧在住の資産家です。

プライベートバンク最大手のピクテでは90カ国以上の外国人社員たちが顧客のニーズに日々対応しています。一般的にフランス人のバンカーはフランス在住の顧客、そしてドイツ人のバンカーはドイツ在住の顧客を担当しています。文化や言語、また各国特有の税制や金融規制に精通しているバンカーが担当地域に在住する顧客に最も適切なアドバイスを提供できるからです。

しかし、他国出身のバンカーを担当者として指名する顧客も少なくありません。自国出身のバンカーには話しづらい内容だから、共通の知り合いが多いから、また他国籍のバンカーのほうが相談しやすい案件もあるからです。

私も多くの中近東、在外インド人（Non Resident Indian、NRI）そして欧州在住の顧客に資産運用サービスを提供してきました。

18歳で海外移住を余儀なくされ現在では100店舗以上のレストラン

チェーンを経営するAさん、なけなしの資金で立ち上げた観光事業が大成功したBさん、地域最古の宝石店オーナー家に嫁ぎ、旦那様が亡くなった後も伝統を守り続けているCさんなど多くの顧客を担当しました。地域特有の文化を心得ておらず当初は失敗も多々ありました。

顧客の奥様と初めて面会したときに目を逸らされ無視されてしまったことがあります。大きなミスをしてしまったのかと心配になり、後日お詫びの電話をしたところ「気にしなくていいよ、われわれの地域では妻は私や家族以外の男性を直視しないのです」と教えてくれました。

私が担当したいちばんの資産家は、同時にいちばんの節約家、ケチ？でもありました。レストランではだれが支払を行うのかを事前に確認し、空港まで迎えによこしてくれた車はボコボコにへこんでいました。日本訪問に同行した際には、現金がないからとタクシー内でせびられた3万円はいまだに返してもらっていません。

その風貌からは到底、大富豪にはみえませんでしたがビジネスに対する情熱と交渉の席では、いっさいの妥協を許さない攻撃的な姿勢が印象的でした。そんな彼は「自分は仕事中に死ぬのが夢である」と常に新規事業の立上げに没頭した毎日を送っていました。あるホテルのロビーで小澤征爾氏を見かけた私は、「あの方は日本で最も著名な音楽家です」と囁きかけると、彼は躊躇することなく小澤氏に近寄り「あなたは何の楽器が得意なのですか。ピアノですか、ギターですか」と話しかけ、周囲の人々からひんしゅくを買っていました。しかし彼はそんなことはまったく気にせず「今日、この場で小澤氏に話しかけていなければ私は彼と一生話す機会がなかったに違いない。チャンスはいつもあるわけではないし、何がチャンスになるかはだれにもわからない。思いついたらすぐに行動するのみ。だからお前はダメなんだ！」となぜか怒られてしまいました。

ファミリー主催のイベントへの招待客リストには、フォーブス長者番付常連の資産家や各国の政治家や大使らの名前が並んでいました。経済界のみならず、政界に多大な人脈をもつ彼は常に新しいビジネスチャンスを模索し、情報収集に励んでいました。

巨大コングロマリットを経営するファミリーの莫大な資産は世界5カ国に設けられたファミリーオフィスで管理されていました。そのなかでも、とりわけスイスは重要なオペレーション拠点であり、また安心して家族で集まれる憩いの場所でもありました。

ファミリーの流動資産は主に国債、エマージング債、ハイ・イールド債、そして金地金に投資されていました。また不動産や企業買収にも積極的であり、特に企業再生を得意としていました。ファミリーオフィスには常時世界中からありとあらゆる案件が持ち込まれていました。

そんな彼は「自分はお金をもっていない。親から引き継いだ資産を次世代に渡すまでの間、家族にお金を借りているだけだ」と口癖のようにいっていました。家族の絆はとても強い一方で、敵も多く本当の仲間は少なかったようにみえました。

経営者の多くは孤立しています。バンカーの役目は資産運用サービスに限らず、ライフ・アドバイザーとして顧客をサポートすることです。

シンガポールや香港のプライベートバンクではアジア諸国の顧客が約80%を占めており中近東や南米、そしてアフリカの顧客を取り込むことには成功していません。

その一方で、スイスの銀行は安全と安心を求める世界中の富裕層の資産を管理してきました。先進国に住むわれわれには世界情勢は一見安定しているようにみえます。しかし現在も世界各地で戦争、暴動、またテロ行為が繰り返し行われています。マフィアによる脅迫と誘拐に怯える日々を送っている人々も決して少なくありません。

中近東の富裕層はドバイ、また南米の富裕層はマイアミ（アメリカ）やパナマの金融センターで資産を管理する傍らで、一部の資産をスイスで保管することは彼らにとっては常識です。スイスが築き上げた国際的信用力は今後も揺らぐことはないでしょう。

欧州顧客――「かつてはナポレオンも顧客であった」

スイス・プライベートバンクの最大の顧客はフランスやドイツをはじめとする欧州諸国の資産家です。古くはナポレオン一世もスイス銀行の顧客だったといわれています。

フランス革命や第一次・第二次世界大戦など度重なる政情不安に苦しむ貴族や富裕層は、スイスに資産を逃がすことで預金封鎖や財産没収に備えてきました。その後も欧州では不安定な社会情勢は続きます。そして自国の金融機関は信用できないとの理由でスイスの銀行を利用する顧客は絶えませんでした。ソビエト連邦の崩壊とともに資源関連事業やその他のビジネスで財を成したロシアや東欧の顧客たちも、スイスの銀行に莫大な資産を移管しています。スイス銀行が築き上げた金融インフラは非常に魅力的であり安心と充実したサービスを求める顧客から絶大な支持を得てきました。

しかしスイスのプライベートバンクが重宝されていた最大の理由は、銀行の守秘義務制度によって顧客の個人情報が厳守されていたことは周知の事実です。現在では隠し金や出所が不透明な資金は「断じてお断りします」と口座開設を拒否されてしまいます。しかし、わずか数年前までは「隠し金?! 喜んでお引き受けします！」といとも簡単に銀行口座を開設することができました。

トラストやペーパーカンパニーなど複雑な仕組みを利用して口座権利者の正体を隠すことなど朝飯前、バンカーによっては怪しい入金や送金方法のアドバイスも行っていました。スイスと欧州諸国の間ではシェンゲン協定（国境検査なしで国境を越えることを許可する協定）が結ばれる以前から、人の出入りは比較的自由で国境はないも同然でした。その結果「非公式な資金」の出入りは日常的に行われていたはずです。

現在では現金取引には規制が課されているため一定以上の金額の入出金に制限を設けている銀行も少なくありません。しかし当時は1億円相当の紙幣が銀行に持ち込まれることも決して珍しくはありませんでした。

ジュネーブやローザンヌに拠点をもつプライベートバンクにとってフランス人顧客は重要な「常連さん」です。多くのフランス人資産家がスイスのバンカーを訪れるためにパリやリヨン、またニースとジュネーブの間を行き来しています。TGV（Train à Grande Vitesse、新幹線）さえ利用すればパリからジュネーブまではたったの3時間、リヨンからだと2時間ほどで到着します。フランスの国営鉄道が自国民の脱税行為を間接的ではあるにせよサポートしていたのはあまりにも皮肉な事実です。

欧州国政府にとって自国民がスイス銀行を利用した脱税行為は深刻な社会問題でした。欧州政府はスイスで管理される資金の情報公開を幾度となく要請してきました。しかしスイス政府は彼らのプレッシャーに決して屈することはありませんでした。「われわれは人権を守っているのです！」と。

しかしフランスやイタリアの税務署がスイス国内でプライベートバンクの監視を強化しているとの噂は絶えませんでした。そしてもしかして自分は逮捕されるのではないかと顧客、またバンカーも強い不安を抱くようになっていました。そんな最中、ピクテの正面玄関を監視するフランス税関員の姿が発見される大事件が起こります。スイス銀行業界を取り巻く緊張感は急激に高まっていきました。

日常生活を送るなかで「タックス・アムネスティ」という単語を利用することはないでしょう。スイスで働くバンカーにとってタックス・アムネスティは最も聞きたくない単語でした。そもそもタックス・アムネスティの意味とは何でしょうか。

日本の国税局によるとタックス・アムネスティは以下のように説明されています。「タックス・アムネスティとは租税特赦とも訳され資産や所得を正しく申告していなかった納税者が自主的に開示・申告を行った場合に、これに本来ならば課される加算税等を減免したり刑事告発を免除したりする制度のことである」。これをわかりやすく読み直すと「海外にもっている隠し財産を自己申告すればキャンペーン期間中につき格安の罰金・税金で勘弁しますよ。ただし、この期間中に自主的に申告をせずに後に隠し財産が発見された場合、あなたに容赦ないペナルティを科します」と警告を含めた呼びかけです。

欧州諸国を筆頭にオーストラリアやブラジル、そしてアルゼンチンやインドネシア、またマレーシアやその他の多くの国でタックスアムネスティ・プログラムは実行されました。イタリアのベルルスコーニ政権による2002〜2003年に行われたタックス・アムネスティでは9兆円以上（2020年6月の為替レート）の海外資産が明るみになりました。

タックス・アムネスティによって申告された「正当化された資産」をそのままスイス、もしくはスイス系プライベートバンクの海外支店で管理し続けることを選択した顧客が予想以上に多かったのは想定外でした。恐れていたほどの資産流出を避けることができたスイスの銀行は一命を取り留めたのでした。情報の守秘義務という大きなメリットがなくなってしまっても、スイスのプライベートバンクは他国の銀行に比べて魅力的な金融サービスを提供したことが幸いしました。

とはいえ、いままで富裕層ビジネスの独占状態を謳歌していたスイス銀行は競争が激化するオープン市場で戦っていくことを余儀なくされてしまいました。現在では多くのプライベートバンクはウェルスプランニングや年金コンサルティングチームを導入しスイス国内の富裕層や法人への営業に力を入れています。それはスイス国内の顧客に対しては営業、商品、サービスの規制が課されていないからです。しかし「顧客よりバンカーの数のほうが多い」激戦区のスイスで勝ち残るのは至難の業です。

中近東顧客・アフリカ顧客・南米顧客——「安全が第一」

欧州顧客に次いでスイス・プライベートバンクの重要顧客は中近東の資産家です。ジュネーブはサウジアラビア王家を含めた多くの中近東政府関係者や資産家の避暑地として愛されてきました。自国での猛暑を避け涼しいジュネーブの湖畔で長期滞在を楽しむ家族が多いのはスイスが安全で外国人に対して偏見がないからです。

ジュネーブ・フェスティバル（残念ながら予算難のため現在では花火を除いたイベントは廃止になっています）は通称アラブ祭と呼ばれるほど多くの中近東ビジターが訪れます。彼ら御用達の宝石店のショーウインドーにはロンドン塔で展示されているイギリス王室のジュエリーにも引けをとらないほどゴージャスなジュエリーが並べられます。またアラビア語のナンバープレートをつけたスーパーカーが街を徘徊している姿は、初めてみる人には違和感だらけでしょうが国際都市のジュネーブではこれが当たり前です。

中近東の多くの国では住民の納税義務（法人税はかかります）はありません。個人の所得税制度を実行している国は少なくさらに相続税もありません。そのため中近東の顧客がスイスで資産を管理する理由は脱税を目的とした守秘義務の存在ではありません。紛争リスクの高い国々で生活する彼らには、安全かつ一流のサービスとインフラを整えたスイスのプライベートバンクで資産の一部を保管するのは必然でした。

ジュネーブにファミリーオフィスを設けて資産を管理する中近東富豪も少なくありません。湾岸戦争やアラブの春（2010年から2012年に起きた大規模な反政府デモ、クーデター）など中東・北アフリカ地域で紛争が起こる度に巨額の資金がスイスに流れ込みます。情勢が比較的安定した2017年でさえスイスにおける中近東顧客の預り資産は約10％増えたと報告されています。シティバンク・プライベートバンク（アメリカ）はUBSと並び最も多くのサウジアラビア富豪の資産を管理しています。そして同社の大株主でもあるアルワリード・ビン・タラール王子もその顧客の一人です。

スイス系、欧州系銀行に加え現在ではアラブバンク（Arab Bank）やナショナル・バンク・オブ・クウェート（NBK）、またカタール・ナショナル・バンク（QNB）やファースト・アブダビ・バンク（FAB）がプライベートバンキングの拠点をジュネーブに置き中近東顧客の莫大な資産を管理しています。

アフリカ顧客の多くは在外インド人やユダヤ人、またアフリカでビジネスを大成功させた欧州からの移住者、もしくは地元の名士たちです。私が担当したアフリカの顧客の大半は食材関係、医療関係、不動産・開発、観光業などを営み数十年前にアフリカに渡った在外インド人でした。高度な教育を受けケニアやタンザニアに帰化したセカンド・ジェネレーション、またサード・ジェネレーションの彼らは流暢な英語を話し金融知識にも精通していました。本業に専念できるようにと運用自体は銀行に任せ、運用方針のモニタリングや成績の分析はトラスティに委ねていました。

南アフリカや在外インド人の顧客の多くはトラストを利用し資産を管理しています。スイスのプライベートバンクは主にエジプトを含めた北アフリカ、ナイジェリア、ケニア、タンザニア、そして南アフリカの富裕層をターゲットにしています。アフリカではテロに苦しむ地域や情勢が安定していない国が多いのが現状です。金融インフラが発達していないアフリカ諸国の多くの富裕層にとって安全なスイス銀行は欠かせない存在です。

アフリカは大幅な人口増加と飛躍的な経済発展が予想される最後の「成長大陸」であり、スイスのプライベートバンクにとって今後重要なマーケットになるに違いありません。

政治や治安がきわめて不安定な南米の多くの資産家はマイアミ（アメリカ）やパナマ、そしてスイスの金融機関で資産を運用してきました。欧州の多くの国と同様にブラジルやアルゼンチン、またメキシコやコロンビア、そしてチリなどの南米諸国でもタックス・アムネスティが行われました。当初はスイス・プライベートバンク離れが懸念されていましたが、顧客の多くは引き続きスイスで資産管理を行っています。

アフリカ、そして南米の国々は贈収賄リスクやマネロンリスクが高いハイリスク・カントリーに指定されています。そのため、多くのプライベートバンクではベネズエラやリビアなどリスクがきわめて高い国々に在住する顧客の口座開設を禁止しています。

アジア顧客――「アジア顧客の取込みはシンガポールを拠点に」

「年率リターンがたったの5%だと！　自国の投資案件や自分の会社に投資したら年率少なくても20%は稼げるのに！」。スイス・プライベートバンクのアジア顧客は主にメインランド・チャイニーズ（中国本国の中国人）や東南アジア諸国に住む地元の名士、また華僑や在外インド人です。しかし経済成長が著しいアジア諸国の資産家にとってスイスの安定型運用は刺激に欠けるようです。

そのためスイスで管理されているアジア顧客の資産は欧州や中近東の顧客と比べてまだ限定的です。アジア顧客はコスト意識が高くスイスの比較的高い手数料体系も障壁になっていると考えられます。アジアは世界で最も富裕層の人数が急増している地域（コロナ禍の2020年では株価上昇の影響もありアメリカの富裕層が増えています）であり、スイスを含む世界中の金融機関が香港やシンガポールに拠点を設けプライベートバンキング・ビジネスを展開しています。

アジア市場は成長戦略に外すことができない巨大マーケットです。そのため、社員数たったの200人程度の小規模プライベートバンクでさえ現地法人を設立して営業活動を行っています。スイス系のプライベートバンクではとりわけUBSとクレディ・スイス、そしてジュリアス・ベアはアジアで大きな成功を収めています。

彼らはローカルマーケット向けのサービスを展開し、有価証券ローンや金融・保険商品のラインアップを充実させることによってアジア富裕層の囲い込みに取り組んできました。富裕層ビジネスを営むうえでアジア拠点は必要不可欠である一方で、非常に高いオペレーションコスト（家賃やバンカーの給料）を補うことに苦しむプライベートバンクも少なくありません。

たとえばエドモン・ドゥ・ロスチャイルドは香港支店を閉鎖しています。アジアの資産家は本来、香港を資産管理プラットフォームとして利用してきました。しかし香港では中国返還に伴う「チャイニーズ・リスク」が日々高まっておりシンガポールやスイスへの資産逃避が加速しています。

また最近では中国系銀行のスイスへの進出が目まぐるしく2016年には中国建設銀行（CCB）、そして2018年には中国工商銀行（ICBC）がチューリッヒにオフィスを構えコーポレートファイナンス事業を展開しています。さらにバンク・インターナショナル・ルクセンブルク（BIL、筆頭株主レジェンド・ホールディングス）やミレニアム・バンク・プリベ（親会社の大株主Fosun International）は、スイスでの中国人富裕層の資産運用に大きな可能性を感じプライベートバンキング事業に力を入れています。

現時点ではアジア顧客がこぞってスイスに資産を移管することはないでしょう。しかし一党独裁国家であるシンガポールの政策次第では「シンガポール・リスク」が起きる可能性も決してゼロではありません。その結果、アジアからスイスに大規模な資産逃避が発生する日がくるかもしれません。

日本人顧客——「プライベートバンクに興味はあるのだけれど……」

香港やシンガポールは日本人にとっては最も身近なオフショア金融センターです。またシンガポールやタイを含む東南アジア諸国や香港には多くの日本人富裕層が移住しています。

そのため香港・シンガポールのプライベートバンクにはジャパンデスクが設置され資産運用や日々の生活のサポートを行っています。さらに日本人顧客に特化したサービスを提供する投資顧問会社も存在するなど大変充実したサービスが提供されています。

その一方でスイスのプライベートバンクを利用する日本人顧客は非常に限られています。スイスのプライベートバンクに口座をもつ日本人は主に二通りあげられます。1つ目のカテゴリーはビジネス、また移住や留学などでスイスや欧州と接点をもつ顧客です。会社設立やリロケーションの手続、またボーディング・スクールや不動産の紹介を含むライフスタイルサポートが提供されます。プライベートバンクを利用することによって世界経済や金融市場の情報をいち早く得ることができることは世界を股にかけて活動するビジネスパーソンにとって大きなメリットです。1980年代には、インベスターリレーションズ活動（IR、投資家向けに経営状態を広報するための活動）や資金調達（債券の発行）の手続で訪れた際にプライベートバンクで口座開設をする上場企業のオーナーも多かったようです。

2つ目のカテゴリーは「ジャパン・リスク」に備える資産家、またアフリュエント層（総資産が2億～3億円の富裕層。現在では多くのプライベートバンクが最低預り金額を設けているため口座開設がむずかしくなっています）の顧客です。彼らの目的は海外口座を利用することで資産の分散を図りジャパン・リスクを回避することです。数十年間にわたってスイスのプライベートバンクと取引をしている顧客もいれば、遺産相続で継いだばかりの資産の運用先にスイスを選ぶ方もいます。その多くは老舗企業のオーナーや地主、また流通・小売り・飲食や医療関係者であり海外と接点をもたないピュア・ドメスティックの経営者です。

「最悪の事態が発生した場合、資産の大方を占める不動産の価値が暴落してしまう」。日本は世界で最も安全な国ですが、同時に最も深刻な財政状況に置かれた国でもあります。高齢化と人口減少で縮小する個人消費、さらに人手不足や年金問題に加え自然災害などの不安要素が絶えません。

たとえば2011年の東日本大震災の後、また北朝鮮ミサイルが日本に発射されるかもしれないとの不安があった2017年には日本から多くの問合せをいただいたのを覚えています。彼らの多くは保守的な運用を優先しています。国債や優良社債、金地金などに分散投資をすることで非常事態に備えた「守り」の運用、また安定志向の運用を銀行に一任することで資産の防衛に努めています。

時代の変化とともに顧客のニーズも変化します。最近では、日本では購入できない投資信託やヘッジファンド、またレバレッジを効かせた積極的な運用へのニーズも高まっています。さらに海外不動産投資や海外移住に興味をもつ顧客にとってプライベートバンクが提供するサービスや情報は重宝されています。

スイスのプライベートバンクを利用するうえで日本人顧客の最も大きな悩みはコミュニケーションです。香港やシンガポールには日本人バンカーも多く在籍しています。しかしスイスでは日本語でサービスを提供しているプライベートバンクは限られています。その結果、日本語でのサポートを謳う「怪しい仲介業者」を通じてスイスに口座をつくり、結果的に大変な経験をされた顧客も多くいたと聞いています。担当者と意思疎通ができない、また安心してコミュニケーションがとれないのであれば海外での資産運用はお勧めできません。

「日本の○○社という金融会社を知っているか？」。複数のプライベートバンクで詐欺と思われる被害が発生しているので気をつけるようにと友人のバンカーから警告されました。

○○社の妙な噂は過去に耳にしたことはありましたが、当時私はファンドマネジャーとして運用業務を担当していたので、特に気にすることもありませんでした。バンカーによると、○○社は「スイスのプライベートバンクで口座を開設すれば夢のような運用が可能になる」と富裕層を勧誘しては、怪しい金融商品を販売しているようでした。

さらに○○社は顧客に全権代理人書にサインを求め、口座から勝手に資産を送金する権利まで得ていたそうです。「簡単でいいから訳してくれないか」と手渡された日本語で書かれたプレゼンテーション資料には、プライベートバンク数社の概要に加えて運用哲学やアセット・アロケーションのコンセプトが詳しく説明されていました。

また、資料にはプライベート・エクイティ・ファンド（PEファンド、未公開株式ファンド）に投資することで大きなリターンが期待できると記載されていました。PEファンドは期待リターンが高い反面、流動性や透明性が極めて低く（最近では株式取引所で売買できるPEファンドもあります）、非常にリスクが高いカテゴリーの金融商品です。超富裕層顧客には人気の金融商品ですが、一般の顧客には通常では提案されることはありません。しかし○○社は、多くの顧客に自社が運用するPEファンド（形式上はほかの金融機関が運用してるよう見せかけていました）を勧めているようでした。

好奇心がくすぐられ、PEファンドのアニュアルレポートを取り寄せてみました。届いた資料のページをめくっていると、通常では必ずあるものが欠けていることに気がつきました。監査報告書に監査会社のサインが記されていなかったのです。さらに調べてみると、ファンドの投資先はすべてバハマやケイマン、また、そのほかのオフショア諸国に設立された事業実体のないペーパーカンパニーであることは明確でした。

あくまで私の推察ですが、ペーパーカンパニーの所有者（代理人を使い実際の所有者がわからないようにされていました）は○○社の経営陣であり、会社を清算・倒産させては投資資金を騙し取っているようでした。無論、顧客はPEファンドの売却・解約ができず、多額の損失を被ることになったでしょう。複数のスイスとルクセンブルクのプライベートバンクのプラットフォームもこの詐欺行為に利用され、多くの顧客の大切な資産が奪われてしまったのでしょう。

銀行は○○社のようなエクスターナル・アセット・マネジャーの素性を調べる義務があり、慎重な調査は行っていたようです。しかし、日本の企業の活動・実態をスイスから監視し、確認することには限界があります。現在では多くのスイスのプライベートバンクは、日本籍の投資顧問会社や金融業者とのエクスターナル・アセット・マネジャー契約を解約しているようです。大半の投資顧問会社は正当なサービスを提供しています。しかし、契約条件や金融商品の説明に多少でも引っかかる要素がある業者とのお付き合いはやめたほうがよいかもしれません。

B様からのお問合せ
バンカーとのコミュニケーションは重要

Q：数年前からスイスの銀行に口座をもっています。最初の担当者との相性も良く安心して口座の管理を任せていました。たどたどしい日本語でしたが定期的に電話もいただいていました。しかし 2 年ほど前に担当者が突然かわり、銀行とのコミュニケーションがとれなくて困っています。

年末に手数料の変更に関する手紙が届きましたが、正直内容がよくわかりません。運用は銀行に任せていますがコロナの影響で大きく資産が減っているのではないかと心配でしょうがないのです。その銀行にはもう日本語が話せるバンカーがおらず、新しい担当者に連絡しても言葉が通じないのでどうしていいかわかりません。何か良い方法はあるでしょうか。

A：残念ながらバンカーが他行に転職するのはよくあることです。プライベートバンキングの利用において担当バンカーとの信頼関係は大変重要です。そしてバンカーによって提供される銀行サービスの質は大きく違います。まずは至急バンカーと連絡をとり現在のポートフォリオの状況、手数料に関する説明を受けることをお勧めいたします。

コロナの影響で市場がここまで大きく動いている状況下、一任勘定で運用されているお客様に連絡がないのは通常ではありえません。ところで報告書はどの頻度で送られてきますか。eBankingはお使いでしょうか。報告書は毎月届けられるように指定することをお勧めします。また一任勘定では報告書とは別にレポーティングを要求することも可能です。

レポーティングとは専属のポートフォリオ・マネジャーが各ポートフォリオの運用状況、今後の見通し、パフォーマンスの分析などをまとめた資料です。ぜひ、資料を要求して現在の状況をご確認ください。ここ数年、多くのプライベートバンクが手数料の見直しを行っています（上がっています）。

銀行によって手数料体系は複雑で不透明な部分も多く、大変わかりづらくなっています。手数料表を確認しポートフォリオを拝見する必要はありますが、もしかしたら手数料の交渉余地があるかもしれません。

B様のメールアドレスが銀行で登録ずみであればメール対応をしてもらえます。以下の文章を参考にバンカー宛てに連絡をおとりください。

Dear Sir,
I hope all is well. My name is XXXXXX and MY account number is XXXXXX. I would like to receive the latest portfolio statement and the Portfolio Reporting/Review, including performance analysis, as soon as possible. Could you also check how often my portfolio statements are produced and sent by post mail? I would like to receive them every month. Regarding the new fee schedule, could you please explain the impact on my portfolio? Best regards.

Q：担当者との信頼関係が重要なのは重々承知しています。夫が他界して以来スイスを訪問しておらず、新しい担当者とは話したことも顔をみたこともありません。私は英語が話せません。

早速いただいた文章をコピーし、メールを送信したところ最新の報告書が届きびっくりしました。私の資産は年初17.7％下がっています。Reportingは来週届くようですが口座を閉めたほうがいいのか悩んでいます。

A：直近のマーケットの下げは激しく、急速、そして正直なところ逃げ場が非常に限られており、ポートフォリオへの悪影響は避けられませんでした。基準通貨にもよりますが、米ドル・ポートフォリオで年初来の下げ幅が約18％ということは高いリスクが設定されているグロース・ポートフォリオ、もしくは想定許容度を超えたリスクをとっているバランス・ポートフォリオ運用だと考えられます。

報告書の１ページ目、もしくは２ページ目にBalance、GrowthもしくはAggressiveなどと書いてあると思いますのでご確認ください。一任勘定のバランス・ポートフォリオは銀行にもよりますが年初10〜15％ほど下がっています。詳しい状況がわからないため、具体的なアドバイスをすることは避けさせていただきますが、メールで伺っている限りでは口座開設当時と現在のB様の状況・生活環境には大きな変化がうかがわれるようです。ポートフォリオ戦略（リスク尺度）も含めた運用方針の見直しをする必要があるかと思われます。

また引き続きスイスの銀行で資金を運用する意味はあるのか、担当者とのコミュニケーションが改善する余地はあるのか、口座を閉鎖した際に資金をどうするのかなど総合的に考えて、今後の方針を決めることをお勧めいたします。

現在はコロナの影響でスイスに渡航することはむずかしい状況ですが、ご依頼いただけましたらポートフォリオの見直し、また銀行への同行などもお手伝いいたします。

3章

守秘義務の崩壊と生まれ変わったプライベートバンク

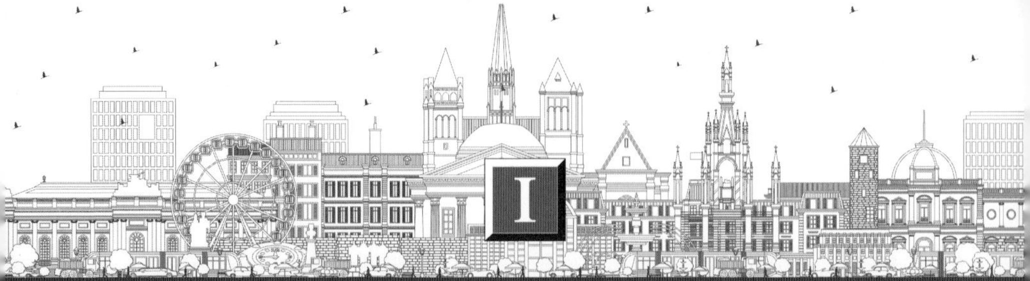

不正資金を隠すならスイス？

「税金逃れ」は犯罪ではない

スイス銀行の守秘義務に関心はあってもバンカーに質問するのは躊躇してしまいますよね。まるで「あなたたちは犯罪に加担しているのですか」と聞くかのようです。銀行の守秘義務はスイスに限らず、欧州ではルクセンブルクやモナコを含めた10カ国以上で実施されていました。

それらの国の多くは際立った産業をもたない、また人口が10万人にも及ばない小国です。スイスの金融業は17〜18世紀に急速に発展していきますが、まだ産業活動が乏しかったスイスでは資金の国内需要は限られていました。その結果、傭兵が持ち帰った多額の報酬やスイスに亡命してきたユグノーたちの資産は欧州諸国に貸し出されます。

フランス国王は自らが追いやったユグノーたちから資金調達を行っていたのです。守秘義務の始まりはこの「隠しごと」を封じ込めるのが目的だったのではないかといわれています。スイス銀行の守秘義務は1934年に法制化され顧客情報はその後、約80年もの間厳格に守られてきました。不安定な情勢下に置かれた顧客やその家族の権利を守るために守秘義務制度は重要な役割を果たしたと考えられています。永世中立国として安全性がきわめて高く、さらに個人情報の厳守が約束されたスイスに世界の富裕層の資産が集まるのは必然的でした。

第一次・第二次世界大戦、冷戦、金融危機などの政情不安が起こる度にスイスには莫大な資産が流れ込みました。最悪の事態が起こってもスイスにたどり着けさえすれば生き延びることができる。その一方で政治家や資産家たちが貯め込んだ巨額の「隠し財産」もまた、スイスのプライベートバンクで管理されていたのは周知の事実です。

スイスでは所得証明書や銀行報告書、その他の資料を改ざんして脱税行為を謀る「税金詐欺」は犯罪行為に値します。ところがたとえ意図的であっても申告もれによる「税金逃れ」は刑事罰の対象ではありません。そのため、プライベートバンクにはお得意様から「税金逃れ資金」の入金を断る理由がありませんでした。

そして、これらの隠し財産は守秘義務制度によって各国の税務当局の取締りから脅かされることもなく守られてきました。表向きにはバンカーが「税金逃れ」をサポートする行為は禁止されていました。しかし実際には内緒のアドバイスが日常的に行われていました。

現金や無記名義証券の持込み、また美術品の架空売買などはスイスに資金を移す手段として多く使われました。私が最も驚いたのは、あるプライベートバンクでは他行に開いた「銀行名義の使捨て口座」を迂回して顧客資金の入金を行っていたことです。

複数のプライベートバンクで口座を保有する顧客が支払銀行に最終入金先のプライベートバンクの存在を隠すための仕組みでした。当時は、このようなクライアントサービスは顧客の情報を守るための手段であると認識され違法行為でなく社内ルールでも禁止されていませんでした。さらには顧客情報の機密性を高めるためにナンバー口座（ニックネーム名義）やトラスト、またオフショア法人などさまざまな手段が利用されました。外部の人間には実際の口座保有者がだれであるのかわからないよう仕組まれていました。

私がジュニアバンカーとして働き始めた頃、あるパリ在住のナンバー口座の顧客から「りんご2個とオレンジ1個を送ったので確認してほしい」と電話がありました。わけがわからず上司に相談に行ったところ「それはね……」と説明されたのをいまでも覚えています。隠し財産の入金のようでした。盗聴を恐れ公衆電話から連絡をしてくる顧客も多く、厳格な匿名性を希望されるお客様のなかにはたとえ銀行内の応接間であっても担当バンカー以外とは面会に応じない方もいました。また自宅に口座報告書やその他の資料が届くのを避け、機密性を保つために「ホールド・メール」を指定する顧客も多くいました。ホールド・メールとは銀行からの連絡書、報告書、またその他の資料を保管し顧客が銀行を訪問した際にお渡しするサービスです。

書類がマルサのような税務当局によって差し押さえられたり、誤って他人の郵便受けに資料が届けられたりするのを避けるためでした。リクエストに応じて無記名（銀行名、そして顧客名）の口座報告書を作成することも可能でした。

金融規制がさほど厳しくなかった十数年前ではスイスから送金を行う際に送り主の実名を公表する義務は課されていませんでした（送金先国にもよりましたが）。支払名義人にOOC（one of our client、われわれの銀行のお客様）と記入さえすれば何のおとがめもなく国際送金でさえ可能でした。「われわれの客だ。何か文句あるのか！」といわんばかりに。

安心してください、 あなたの個人情報は法律で守られています

バンカーには顧客の秘密を守る義務があります。旦那に内緒の「奥様の口座」と愛人が代理人の「旦那様の口座」を同時に担当していた同僚のバンカーがいつか口が滑りそうで怖いと嘆いていました。まさか夫が、まさか妻が、同じ銀行で、しかも同じバンカーに隠し口座の管理を任せているとは夢にも思っていなかったはずです。

「だから旦那は嫌なのよ」、「家内がうるさくてしょうがない」とお互いの悪口を聞きつつも相談相手になるのはバンカーの大事な仕事です。最近では顧客の利益相反を避けるために、このようなケースでは別々のバンカーが担

当することもあります。

スイスにはフランスやドイツ、またイタリアから日々通勤してくる越境労働者が約32万人います。とりわけジュネーブにはフランスの国境町から通勤する労働者が多く、そのなかには銀行員も少なくありません。しかし多くのプライベートバンクでは顧客情報を取り扱う立場にいる銀行員や管理職者にはスイスで住むことを義務づけています。それはうっかりカバンから取り忘れた機密ファイルや携帯電話に入力された顧客情報が税関検査で押収されるリスクを避けるためです。

スイス銀行法第47条には「銀行職員が守秘義務に違反した場合、刑事罰の対象となり最高25万スイス・フランの罰金および最高3年間の禁錮刑に処せられる」と書かれています。銀行職員は顧客の身元情報、口座残高、口座の動き、そして口座の存在自体も銀行外部の人間に決して漏らすことは許されていませんでした。

セントラルファイル（顧客資料を管理する部署）で働く行員には、オフィスに出入りする際に携帯電話やカバンを回収するなど厳重な情報漏えい対策をとっている銀行もあります。そして破棄される顧客関連資料は専門回収業者によって焼却されます。もし街角で銀行に横付けされた「カタナ」と書かれたトラックを見かけたら、それは機密資料を回収している業者さんです。刀買取業者ではありません！　徹底したリスク管理を行う銀行では資料管理担当者が自ら焼却炉まで同行することもあるようです。

終身雇用制度が存在しないスイスではバンカーは転職を繰り返してはキャリアアップや労働条件を交渉します。そして当然のごとく転職する度に顧客を新銀行に勧誘します。

バンカーの労働契約書には銀行を退職した○○カ月は顧客に連絡してはいけないと書かれています。また顧客情報を持ち去ることは不正行為であり禁止されています。しかし業界では顧客情報の持去りが「常識の範囲内」であれば暗黙の了解として銀行から訴えられることはありませんでした。銀行はバンカーが前職で築いた人脈に興味があるからこそ採用するのであって、優秀なバンカーの引抜きはお互い様だからです。

しかし、政府関係者や外部者に顧客情報を提供することは決して許されない行為でありバンカーはモラルと守秘義務を忠実に守ってきました。

2008年、それはスイス・プライベートバンクのランドスケープが大きく崩れた歴史的な年になってしまいました。「HSBCデータリーク事件」はプライベートバンクの存続さえも脅かす緊急事態に発展したのです。当時ITエンジニアとして勤務していたエルベ・ファルチャーニは顧客情報を欧州諸国の税務当局に譲渡したのです。数万人に及ぶ顧客リストには180国籍の要人や資産家の名前が綴られており、そのなかには脱税行為が疑われていた著名人たちの名前も含まれていたようです。どんな厳重な管理システムを開発し、また徹底した情報管理が行われても漏えいリスクを防ぐのは不可能であることが証明されてしまいました。昔からプライベートバンクには欧米諸国の政府から派遣されたスパイの存在も噂されていました。

かくしてフランスやイタリア、またイギリスの税務当局は「盗まれた情報」を利用して自国民脱税者の摘発と取締りに踏み切りました。「HSBCデータリーク事件」はスイス銀行が守秘義務制度を失う前兆となったのです。「顧客の名前や内情は担当のバンカーとその上司だけしか知らないと本で読んだのですがそれは本当なのですか？」とよく聞かれます。しかしそれは100％事実ではありません。守秘義務制度がまだ厳守されていた当時、私が所属していたプライベートバンクのバンカーは行内のほぼすべての口座情報（顧客名や口座残高。ナンバー口座の場合は口座名）にアクセスすることが可能でした。

銀行は顧客情報の厳守に最大限の努力を図ってきたことには間違いありません。しかし金融規制の強化や情報のデジタル化、また高度な専門性を必要とする金融商品の扱いには業務の分担が必然です。顧客の多様なニーズに対応するためには複数の人間がかかわり顧客情報を共有する必要があるからです。「安心してください、あなたの個人情報は法律で守られています」は過去の話になってしまいました。

元フランス予算担当大臣のつぶやき「秘密口座……俺だけじゃない、そんなこと皆やっている」

現職のフランス予算担当大臣、ジェローム・カユザック氏が脱税とマネーローンダリングの罪で逮捕されたのはセンセーショナルな事件として大きく報道されました。本来であれば脱税を取り締まる立場にあったカユザック氏が厳しい尋問の末、スイスのプライベートバンクを利用して脱税を行っていたと自供したのは2013年の4月のことでした。

そして次々と公表された新事実にフランスの国民は衝撃を受けることとなります。それはスイスで働くバンカーにとっては特に驚くほどの内容ではありませんでした。そんなこと日々行われていると。

カユザック氏はミシェル・ロカール氏の政治活動を支援するための運転資金をUBSの「友人名義口座」で管理していたと告白しています。ロカール氏はフランスの農務大臣や首相を務め、後の大統領候補者として国民から高い支持を得ていた大物政治家でした。秘密口座には複数の薬品会社から送金された裏金がプールされ、大統領選に向けた選挙資金として活用されるはずでした。最終的にはロカール氏は大統領選候補から外れたため、この裏金が利用されることはありませんでした。

そもそもロカール氏にはスイスの秘密口座の存在は知らされていなかったようです。その後カユザック氏は自身のナンバー口座をUBSに開設しています。そして数年後にはレイル銀行、さらにスイスの守秘義務制度の改正が決定的になった2009年には彼の隠し資産はジュリアス・ベア・シンガポールに移管されたのでした。カユザック氏は「そんなこと皆やっていたよ」とつぶやいたそうです。この事件ではレイル銀行の会長、ドミニック・レイル氏および社長のフロンソワ・レイル氏の直接的な関与が疑われ大事件に発展しました。一連の報道にバンカーたちは、明日はわが身であるという強い危機感を抱いたのはいうまでもありません。決してレイル銀行を庇うわけではありません。しかし秘密口座の管理は多くのプライベートバンクで行っていたのです。ちなみにレイルは昨年イタリアのインテザ・サンパウロ（Fideuram - Intesa Sanpaolo Private Banking）の傘下に入っています。守秘義務制度の完全終息が迫っていることを悟ったプライベートバンクの多くはコンプライアンス体制の見直しと、コーポレートガバナンスの強化に取り組みます。また顧客には「私は税務申告を行っている」と書かれた資料（顧客による自己申告）へのサインが強要され、サインを拒む顧客には口座閉鎖が強制されることもありました。もし欧州政府から脱税援助の罪に問われた場合、銀行は責任逃れをするための書類を準備しておく必要があったからです。

「あなたはなぜ当行に口座を開設したいのですか」。マネーローンダリングや脱税行為、さらに隠し資産の保管にプライベートバンクを利用することはもうできません。ジェームス・ボンドとその仲間たちは、もうスイスに口座を保有することができなくなってしまったのです。

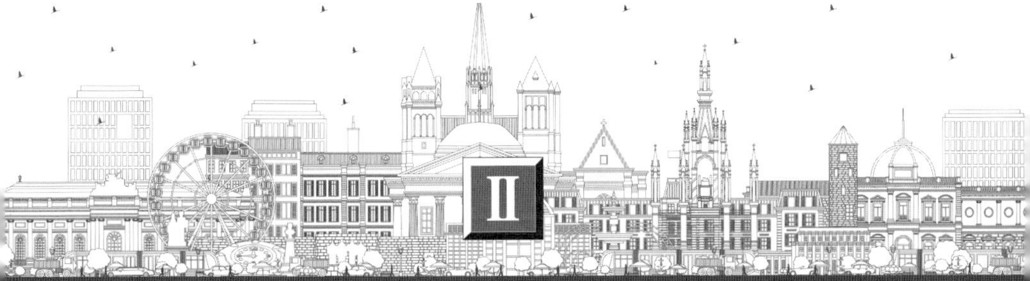

守秘義務制度の崩壊——プライベートバンクはなくなってしまうのか

リーマン・ショックによって失った特権

犯罪資金の受入れがスイス銀行の繁栄に大きく貢献したことは何度となく言及してきました。フィリピンの独裁者マルコスは推定6億8,500万ドル（約730億円）、またナイジェリアの独裁者アバシャは推定7億ドル（約750億円）の国家剥奪資産をスイスの銀行で保管していました。そのほかに、ザイール（現コンゴ）のモブツ、リビアのカダフィ、チュニジアのベン・アリ、エジプトのムバラク、彼らが自国民から剥奪した数千億円ともいわれる資産がスイスに預けられていました。先進国の政治家たちの隠し口座も多くあったといわれ、ひと昔前には伝説のスパイ、ジェームス・ボンドとその仲間もスイスに銀行口座をもつことは可能でした。20〜30年ほど前までは口座開設の際に「審査」と呼ばれるほど厳重な身元・資金調査は行われていませんでした。自国で納税義務を果たしているかについては問われることもなく、最低限の個人情報と資産形成の説明さえできれば口座開設審査をクリアすることはむずかしくありませんでした。

当然ですが当時でも銀行にはコンプライアンス部門は配置されていました。しかしKYC審査（Know Your Customer、顧客身元確認）やデューデリジェンス業務は最低限の人数でこなされており、そもそもスイスでアンチ・マネーローンダリング法が成立したのはたったの二十数年前です。

「スイスの真髄である守秘義務制度が崩壊するなどありえない」。市場の暴落がある度にトレーディング・ルームでは緊迫した空気感が漂い、運用担当者は顧客からの問合せと対応に追われます。しかしインターネットバブルが崩壊したときも、アメリカ同時多発テロによって株式市場が暴落したときも、バンカーたちは将来に対する危機感や不安を感じることはありませんでした。それはプライベートバンクのビジネスモデルが崩れるはずなどありえないと信じていたからです。むろん運用成績や預り資産の評価、また収入に対する多少の悪影響はあります。しかし通常プライベートバンクは積極的な自己資金の運用や融資業務は行っていないため、莫大な損益を被るリスクも少なく生存自体が脅かされる状況ではありませんでした。

しかしリーマン・ブラザーズの破綻は、いままでバンカーが経験してきた金融危機の「恐怖感」とは根本的に異なっていました。リーマン・ショックは守秘義務制度を武器にスイスのプライベートバンクがいままでやりたい放題やってきた「落とし前」をつけるきっかけとなったのです。リーマン・ショックによる被害者は直接サブプライムローンにかかわった金融業者や消費者だけにとどまらず、一般市民の生活さえも脅かす非常事態に発展しました。崩壊寸前に直面した経済を救うためにわれわれはいま何をするべきか。「スイスのプライベートバンクには自国民の巨額な脱税資金が隠されている」。その結果、巨額の財源確保に苦しむ欧州諸国は、スイスのプライベートバンクに対して政治的圧力を高めていきます。

以前から各国税務当局はスイス政府に対して顧客情報の公開を要求していました。しかし世界金融危機は、財政赤字に苦しむ米欧州政府による一致団結した「特権」の廃止に向けた活動へと発展しました。スイスの守秘義務制度はリーマン・ショックによって崩壊したのでした。こうして、大きな武器を失ったプライベートバンクは苦難の道を歩むこととなったのです。

守秘義務制度はスイス銀行の最大の武器であった

守秘義務制度はプライベートバンクの最大の武器でした。しかし、それはいつ手中で爆発してもおかしくない「時限爆弾」だったのです。当時は、秘密口座の管理を行うことが不道徳であると思うバンカーはいませんでした。そして当たり前のように「スイス・プライベートバンクの伝統」サービスを提供してきました。

むろんバンカーに「自分たちは犯罪に加担している」といった自覚はいっさいありませんでした。それは「お上」から許可を得たサービスを行っていたからです。しかしオフショア顧客と連絡をとる際には最善の注意を払っていました。盗聴リスクを避けるため電話をかけることはできる限り控え、出張先で顧客と会うときには目立たぬようにとジーパンにTシャツのときもありました。

バンカーには年間の目標収入や預り資産額（New Net Asset、NNA）の達成が求められています。そして営業活動は上司の同意を得て行われ、活動報告書は欠かすことなく提出していました。バンカーの活動は銀行によってモニタリングされていましたが、いざクロスボーダー問題が顕在化して国際問題へと発展すると「それはあいつらが勝手にやったことだ」と全責任をバンカーに押し付けたのです。出張費は銀行のクレジットカードで支払われているにもかかわらず、あいつらは勝手に他国へ出向き、社内ルールに違反したと責め立てました。バンカーたちは、まさかスイスの守秘義務制度が廃止されるとは夢にも思っておらず責任逃れをする経営陣のかわりに罪に問われることになるとは予想していませんでした。

経営陣は顧客と銀行、また残された社員を守る必要があったことは理解できます。しかし罰されたバンカーは自分に与えられた仕事をこなしていたにすぎないのです。

2009年3月13日。その日を境に75年間続いた守秘義務制度は終息への一歩を踏み出しました。スイス連邦大統領ハンス・ルドルフ・メルツ氏は守秘義務制度の緩和政策を発表し「税金逃れ」は犯罪（海外居住者に適用）として扱うことが伝えられました。「犯罪資金」とみなされた時点で口座情報の守秘義務は適応されなくなりました。政府からの要請があれば顧客情報の開示に従うことになってしまったのです。後に執行される自動的情報交換（Automatic Exchange of Information、AEOI）制度では海外居住者が保有するすべての口座情報は各国の税務当局間で自動的に交換されます。しかしまだこの時点では情報交換は自動的ではなく「特定」された口座に限り情報公開が行われました。税務当局は口座保有者と銀行名を個別に、そして具体的に指定する必要があったのです。そのため、すべての顧客情報が開示されたわけではなく一定の機密性は保たれたままでした。しかし「税金逃れ」が「税金詐欺」と同様に扱われることはスイス銀行のビジネスモデルの崩壊を意味しました。

その結果、銀行には経営方針の根本的な見直しが求められたのです。国民は「スイス政府は欧州政府にいわれるがままパンツを下げた」と強く責め立てました。テロや汚職、そして脱税や詐欺、またマネーローンダリングを防止するためには守秘義務制度の廃止はいずれ避けられない道ではあったのかもしれません。またグローバリゼーションが進む現在、変化を拒めばいずれスイスは孤立してしまうでしょう。しかし、スイス政府は欧州諸国からいっさいの交換条件を得ることもなく一方的に白旗を揚げてしまいました。

そのため、欧州内での営業活動には厳しい制限がかけられた状況のままスイスの銀行はオフショア・プライベートバンキングを行うことを余儀なくされてしまいます。かくしてスイスの銀行は近い将来に訪れるだろう守秘義務制度の完全終息に向けた対策に迫られます。KYCプロセスの強化に加え、資産形成の検証、さらに税務に関する自己申告書へのサインが顧客には強制されました。その結果、銀行にとってリスクが高いと判断された顧客には口座閉鎖が求められました。それは「犯罪者」の資産を意図的にかくまったとして告訴されるリスクを避けるためです。数十年来のお付き合いがあった顧客が突然厄介者として扱われる状況に多くのバンカーが困惑しました。そして大事な収入源も失ってしまったのです。

ビジネスモデルの根本的な見直しを強いられた銀行のオペレーションコストは急増しました。預り資産が減る一方で社内教育の義務化やコンプライアンス部門の増員などコストは激増しました。今後の見通しが立たず事業撤退を決断した銀行も少なくありません。その状況下、行き場を失った顧客をここぞとばかりに喜んで受け入れるプライベートバンクもありました。しかしその誤った判断が後々に大きなあだとなり、取返しのつかない事件へと発展していったのです。

情報交換はグローバル・スタンダード――「あなたの口座情報は税務当局に伝えました」

2014年7月21日、経済協力開発機構（OECD）は各国の税務署が金融機関から得た顧客情報をお互いに交換する枠組みを公表しました。

たとえば、スイスの金融機関（スイスで活動する外資系銀行も含みます）は管理をしている海外居住者の口座情報をスイスの税務署に報告しなければいけません。そしてその情報は自動的情報交換（AEOI）制度に参加する各国の税務署に引き渡されます。要するにスイスに銀行口座を保有するフランス人やイタリア人、そして日本人の口座情報は自国の税務当局にわかってしまうのです。それはスイス銀行の守秘義務の完全終息を意味しました。

2017年に49の参加国で始まったAEOI制度では口座保有者の氏名、住所、居住国、納税者番号（Tax Identification Number、TIN。日本ではマイナンバー）、生年月日、出生地、口座残高、利子・配当の総額等の情報が交換されました。

スイスでは2018年にAEOI制度が実施され310万口座の顧客情報を62カ国の税務当局に譲渡し、引き換えに75カ国から240万口座の情報を受け取っています。情報公開が実行される前に隠し口座の存在を税務署に自己申告する者もいれば、AEOI制度に参加していない国々に資産の移管を急ぐ資産家がいたのも事実です。

ところが2023年には対象国が112カ国にも増加する世界規模制度にアメリカは参加しませんでした。それどころか、アメリカはおのずから発足したFATCA（Foreign Account Tax Compliance Act、外国口座税務コンプライアンス法）制度の実施を他国に強制しています。FATCAは2010年に成立したアメリカの税法です。US Person（アメリカ居住者、国外に居住するすべてのアメリカ人とグリーンカード保有者、また実質的にアメリカに居住しているとみなされた人）によるオフショア口座を利用した資産隠蔽や租税回避を防ぐことを目的に発足されました。FATCAへの取込みは「UBS脱税幇助事件」が引き金になったのはいうまでもありません。

2014年以降、アメリカは納税義務を負うUS Personの口座情報を開示するように世界各国の政府と金融機関に強制しています。AEOI制度はFATCA制度をモデルにつくられています。AEOI制度ではすべての参加国がお互い情報交換を行う多国間契約なのに対し、FATCA制度ではアメリカ対他国の二国間契約です（たとえばアメリカ対日本）。FATCA制度には2種類の申告方法が存在します。モデル1ではAEOI制度と同様、外国金融機関（Foreign Financial Institutions、FFIs）から集められた顧客情報は自国の税務当局を通して米国税庁に譲渡されます。

そしてモデル2では各国のFFIsは自国の税務当局を通すことなく米国税庁に直接US Personの口座情報を譲渡します。モデル1はさらに二通りに分かれており1Aでは情報が「互恵交換」され、1Bではアメリカに一方的に情報提供がされます。モデル2も1B同様、米国内の金融機関で開設されている非居住者の口座情報はパートナー国に譲渡されません。多くの国はモデル1を適用しているなか、スイスと日本はモデル2を選択しています。AEOI制度の導入後、一部の日本人富裕層はスイスやその他の国で管理していた資産をアメリカに移したといわれています。しかし、もし将来的に日本がモデル2から1Aへと変更をした場合、バンク・オブ・ハワイをはじめその他の金融機関で開設された膨大な日本人顧客の口座情報は日本政府に受け渡されることとなります。

海外に5,000万円以上の資産を保有している日本在住者には「国外財産調書」の申告が義務づけられています。海外資産の申告は必ず行ってください。

アメリカ政府に降伏したスイス・プライベートバンク

アメリカは純資産3,000万ドル以上を保有する資産家が約8万人存在する世界最大の超富裕層マーケットです。当然のことながらアメリカはスイスのプライベートバンクにとっては重要なマーケットでした。

ビッグビジネスを手に入れようとリスクを負ってでもバンカーは頻繁にアメリカを訪れ積極的に顧客勧誘を繰り返してきました。しかも無免許での営業活動は禁止されていたのにもかかわらず。

その時はまだ自分たちが犯した罪の重さを知る由はありませんでした。アメリカ合衆国内国歳入庁（Internal Revenue Service、IRS）は世界で最も厳しいとして知られる国税局です。脱税行為を手助けした内外の金融機関には厳しく容赦のない罰則が科せられます。

「スイス銀行を売った最大の裏切り者」、ブラッドリー・バーケンフェルドの名前を知らないスイスのバンカーはいません。元UBSのバンカーであったバーケンフェルドはUBSがアメリカで組織的な脱税幇助を行っていた事実をIRSに告白したご褒美に1億ドルという莫大な報奨金を受け取っています。

2009年、UBSはアメリカ人顧客の脱税行為に加担した容疑を認め7億8,000万ドルの罰金の支払の末、アメリカ司法当局との司法取引に応じました。さらに同年に行われた民事告訴ではアメリカ人4,450口座の顧客情報をアメリカ政府に譲渡することに合意し、UBSは一連の訴訟問題に終止符を打ちました。

その後、多くのスイス銀行が不正行為を認め巨額の罰金を支払うことでアメリカ政府との和解に応じています。アメリカ人脱税幇助の罪を認めたクレディ・スイスはIRSに対して26億ドル、ジュリアス・ベアは5億4,700万ドル、HSBCスイスは1億9,200万ドル、またチューリッヒ州立銀行は9,850万ドルの罰金の支払に応じています。

アメリカ上院によるとクレディ・スイスは2006年に2万2,000人のアメリカ人顧客の資産を預かり、実にこの大半が脱税資産だと報告されています。アメリカ政府の圧力に屈したスイスの銀行は顧客リストに加え、担当バンカーやアシスタントの名前を引き渡しました。スイス銀行が提供した「関係者リスト」には数千人の社員の名前が記入されていました。犯罪者として扱われる事態にオフショア（スイスで管理されている海外居住顧客）担当のバンカーの緊張感と恐怖心はピークを迎えます。「海外には当分出かけない」が当時のバンカーのルールになりました。

その後もフランスやドイツ、またアメリカでは脱税を援助した罪でスイスのバンカーが逮捕される事件が相次ぎました。元UBSのグローバル・ウェルス・マネジメント部門の責任者だったラウル・ヴァイル氏は休暇で訪れたイタリアで身柄を確保されています。ヴァイル氏は200億ドル相当の脱税を指揮したとアメリカ政府から訴えられ、懲役5年と罰金25万ドルの罪に問われました。

またアメリカの税関でスイス人学生が束縛され、バンカーの父親に関する質問攻めにあったとの報道は大きな衝撃を与えました。アメリカ人脱税問題に対する緊張感がピークを迎えた2013年、スイス最古の銀行であったヴェゲリン（Weglin & Cie、1741年にザンクト・ガレンで設立）はその長い歴史に終止符を打ちました。アメリカ政府によってつぶされたのでした。

1990年初期には行員が若干30名のヴェゲリンは急速な事業拡大を進め、2010年には社員数700名を誇るドイツ圏を代表するプライベートバンカーに成長していました。まさに飛ぶ鳥も落とす勢いのヴェゲリンの知名度は富裕層の間では一気に上昇していました。

当時ヴェゲリンの代表パートナー、コンラート・フムラー氏（元スイス・プライベートバンカー協会の会長）のアメリカ政府の圧力には決して屈しないという態度にスイス銀行員は大きな期待と希望を寄せました。しかしその最中、ヴェゲリンはアメリカ人富裕層の資産約12億ドルの脱税に協力した容疑で2012年にニューヨーク連邦地裁に起訴されてしまいます。ヴェゲリンがUBSから追い出されたアメリカ人顧客を積極的に勧誘していたのは業界内では広く知れ渡っていた事実でした。有罪を認めたヴェゲリンは5,780万ドルの資金返還および罰金の支払で当局との合意に至りました。

しかし最終的にはプライベートバンキング事業はライファイゼン・スイスに売却されてしまい、ヴェゲリンは廃業したのです。アメリカ政府に楯突いたスイス銀行の象徴的な結末でした。アメリカに拠点や支店を構えるスイス銀行は多くありません。そのため、免許剥奪や業務改善命令などの制裁を恐れる必要はありません。しかし、基軸通貨である米ドルにかかわるすべての決済手段をアメリカ政府から禁止されてしまっては金融機関としての機能は失われ廃業に追い込まれてしまいます。

ちなみに当時ヴェゲリンはトレンディーなバンカーに人気が高かったNonoletという名前のレストランを経営していました。Nonoletとはラテン語のことわざであるPecunia non olet「お金には匂いはない」に由来しています。非常に挑戦的なヴェゲリンの経営方針を象徴した店名でした。どんなお金でもわれわれは引き受けるといったメッセージだったのでしょうか。

現在US Personにサービスを提供できるスイスの金融機関は米国証券取引委員会（US Securities and Exchange Commission、SEC）に登録する数十社です。UBSスイス・ファイナンシャル・アドバイザーズ（UBS-SFA）、フォントベル・スイス・ウェルス・アドバイザーズ（Vontobel Swiss Wealth Advisors）やピクテ・ノースアメリカ・アドバイザーズ（Pictet North America Advisors）など大手金融機関やレイル・オーバーシーズ（Reyl Overseas）やSSAスイス・アドバイザーズ（SSA Swiss Advisors、元SYZの子会社）などがアメリカ人顧客に特化した資産運用サービスを提供しています。

スイスの銀行にとってUS Personは最も危険な顧客でありSECに登録していない金融機関では口座権利者にわずかでもUS Personの要素（インディシア）があれば口座開設は拒否されてしまいます。通常ではアメリカに不動産の投資物件をもっている程度であればUS Personとはみなされません。

しかし、たとえグリーンカードの保有者でなくとも頻繁にアメリカを訪れている、またアメリカの携帯電話を所有しているだけでもUS Personとみなされてしまうこともあります。

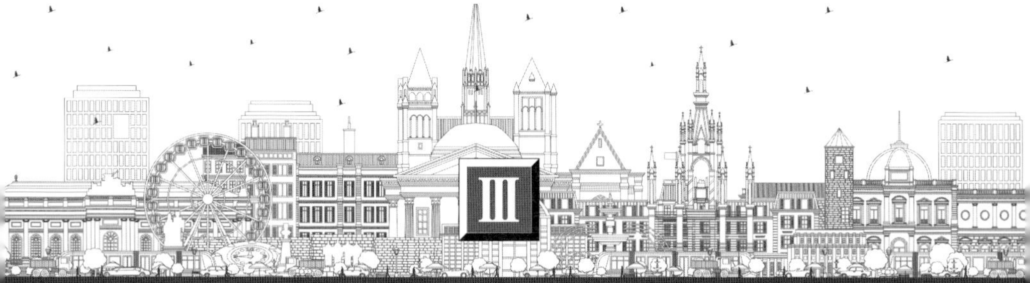

新時代を切り開く「新生プライベートバンク」

生残りを賭け進化するプライベートバンク

1980年には500行近くあったスイスの銀行は2019年には246行にまで激減してしまいました。特に減少が目立つのが外資系銀行です。

大手外資系商業銀行はジュネーブやチューリッヒに支店を開設し商業業務やプライベートバンキングを行ってきました。「○○ジュネーブ支店」。スイスに拠点を構えるのは大きなステータスでした。しかしビジネス環境の悪化やクロスボーダー規制の強化に伴い、わずか20年あまりの間に半数近くの外資系銀行は撤退してしまいました。

「スイスでプライベートバンクを経営するのは10％の利益と50％のトラブル」とはよくいったもので、外資系商業銀行にとってはスイスで得る収益は自国の本業で得る収益に比べると微々たるものでした。守秘義務制度が崩壊し、レギュレーションが厳しくなった現在、プライベートバンキング事業を主要としない外資系商業銀行がスイスから撤退するのは当然でした。その一方でスイス系プライベートバンクの減少も非常に気になるポイントです。

大手銀行の傘下にあった老舗フェリエ・ルーラン（Ferrier Lullin & Cie、ジュネーブ）やクラリデン・ロイ（Clariden Leu、チューリッヒ）は吸収合併で消え去りました。また2020年にはプライベート・クライアント・パートナーズ銀行（Private Client Partners、チューリッヒ）やパリス・ベールタン銀行

(Banque Paris Bertrand、ジュネーブ）の売却に加え、ランドルト銀行（Landolt & Cie、ローザンヌ）とオドBHF（ODDO BHF、ドイツ・フランス系金融会社）の統合計画が発表されました。その最中、現在ではスイス最古のプライベートバンクとなったランドルト銀行にロンバー家の当主、ティエリ・ロンバー氏が新パートナーとして着任すると報道が流れたのは2016年のことでした。ロンバー家は名門ロンバー・オディエ銀行の経営を6世代に及び受け継いできました。

ところが、跡取り息子であったアレクシス・ロンバー氏にパートナーへの昇格が認められなかったのが原因でロンバー・オディエとロンバー家は絶縁状態に至ってしまいます。誠に信じがたい出来事です。トヨタ自動車の創業家である豊田社長が突然、本田技研工業の経営者に就任するような感じでしょうか。元来、プライベートバンクは「少数の超資産家」に「長期間を前提とした資産運用サービス」を提供することで安定した収益を確保していました。商業銀行のように多くの店舗を構える必要もなければ積極的な営業活動を行う必要もありませんでした。

しかし現在ではコンプライアンス業務の強化やITインフラ設備に伴う巨額な費用、そしてマーケティング・営業活動費を含めたオペレーションコストの増加がプライベートバンクの経営に大きな負担となっています。利益を出さなくては名門プライベートバンクでさえつぶれてしまいます。守秘義務制度を失いビジネスモデルの根本的な見直しを余儀なくされたスイス・プライベートバンクには大改革が必要でありロンバー・オディエは「伝統」より「進化」を選んだのでした。その勇気ある決断は業界関係者から高い評価を得ています。常に斬新な経営戦略を打ち出してきたピクテにも大きな進化がありました。1805年に設立されて以来、初の女性パートナーが2021年に就任したのです。

プライベートバンクの収益率を測る指標としてコスト・インカム・レシオ（Cost Income Ratio、CIR）が利用されています。CIRは利益に対してどれだけの費用がかかっているのかを表す単純なバロメーターですが、預り資産残高（Asset Under Management、AUM）や顧客の収益率（Revenue per Customer、RPC）と同様に経営陣が最も重要視している指標のひとつです。世界四大監査法人のKPMGがまとめた市場調査では2018年のCIR中央値は過去最悪の83.6%を記録し、プライベートバンクの経営状態が年々悪化していることが浮き彫りになっています。「新時代」に対応できないプライベートバンクはこれからも消え去っていくと予想されています。その一方で付加価値の高いサービスと商品を提供することに専念しCIRを60〜70%台にキープしている優秀なプライベートバンクも数多く存在します。それらのプライベートバンクは資産運用業務に特化しており、また高い自己資本比率を保っているため倒産危機や経営難に陥る心配は当面ないでしょう。

守秘義務制度の廃止——それでも世界の富裕層たちはスイスのプライベートバンクを重宝し続ける

良き時代を経験したバンカーたちからすると、「新生プライベートバンク」ではコンプライアンス管理が必要以上に厳しく行われています。そのため、「良き時代」を経験したバンカーたちは無意味な事務作業に追われる毎日にうんざりしています。以前では顧客との通話が録音されることもなく、またコールレポート（顧客との面談・電話内容の記録）も義務づけられていませんでした。比較的柔軟な顧客対応が許されていたのです。

しかし現在多くのスイスのプライベートバンクが採用しているコンプライアンス・マニュアルはグローバル・スタンダードと比べても非常に厳しくつくられています。時速100キロまでスピードを出すことが許されている高速道路を社内規制の80キロで走っているようです。そのお陰もあってプライベートバンクのリーガルリスクやオペレーションリスクは以前と比べて格段に減少したのですが、守秘義務制度の崩壊はプライベートバンクの経営に大きな打撃を与えたことには間違いありません。しかし、それはスイスのプライベートバンクが本業に専念するきっかけとなり「生まれ変わる」ための絶好のチャンスになったのです。社会や消費者から必要とされていない企業や業種はやがては消えてしまいます。当時大儲けしたであろうレンタルビデオ屋やゲームセンターもほぼなくなってしまいました。「社会的、また商業的な役割を果たしていないプライベートバンクに存在価値はあるのか」という問いかけに私は「プライベートバンクは社会インフラではありません。しかしプライベートバンクをライフスタイルインフラとして必要としている人は世界中に多くいます」と答えています。

アメリカや欧州諸国によるスイス銀行に対する取締りが強化されてからすでに10年近く、さらにAEOI制度が導入されてからは4年ほど経ちます。しかしそれ以降もスイスで管理している海外富裕層の預り資産額は安定しています。それどころか緩やかながらも増加傾向ですらあります。それはプライベートバンクが築き上げた「一流の金融プラットフォーム」や伝統的な「資産運用・保全サービス」、また「幅広い金融知識を身につけたバンカーの存在」やスイスの「安定した政治環境と治安」はほかの国では得ることができないからです。

プライベートバンクでは本来、パートナーが自らバンカーとして顧客に投資アドバイスを行っていました。自分のクライアントは自分で対応する、またクライアントの満足度を高めニーズを的確に把握するにはパートナー自身が業務にかかわることが重要だと考えられていたからです。バンカーの人間性に惹かれ、またその堅実な経営方針に賛同することで顧客は安心して大事な資産を預けることができたのです。バンカーのモチベーションを維持することなど多くの課題は残ります。しかし「クライアントファースト」のポリシー、また「スイス・ホスピタリティ」は今後も受け継がれ、スイスのプライベートバンクが世界中の顧客になくてはならない存在であることに間違いありません。

C様からのお問合せ
海外口座と税務申告

Q：海外で資産を運用すると税金を払わなくてもよいと聞いたことがあります。本当でしょうか。スイスで資産を運用することを検討していますが脱税するつもりなどいっさいありません。スイスで口座をもっているだけで悪いことをしていると疑われてしまうのではと心配です。

A：海外口座を保有することは違法ではありません。また海外で資産を運用することも禁止されていません。しかし日本に住むすべての方は日本のルールに基づいて税金を納めなくてはいけません。そのルールは海外で運用している、また保有している資産にも適用されます。

「国外財産調書制度」では海外資産の合計額が5,000万円を超える国内居住者（非永住者は除きます）には所得税確定申告書の提出の有無とは関係なくすべての海外資産を申告する義務が課されています。

現在では多くの先進国はAEOI制度（自動的情報交換制度）に参加しているので個人や法人の資産情報は各国の税務当局間で交換されています。

しかし、たとえAEOI制度に加入していない国で資産を管理している場合であっても税務申告を行う必要があります。納税義務を果たしている限り海外で資産を運用するのは国民の自由であり、また権利です。「悪いこと」をしていると疑われることはありませんので心配なさらないでください。

Q：ありがとうございます。納税義務に関して理解できました。しかし税務申告が複雑でないかと少し心配です。皆様どのように行っているのでしょうか。

A：多くのスイスの銀行では顧客が税務申告を行うために必要な「タックス・ステートメント」を毎年初に発行しています。その年発生したキャピタルゲインやキャピタルロス、また配当や金利、利息収入をまとめた資料です。

日本在住者には円建ての資料が用意されます。しかしタックス・ステートメントが提供されない場合には顧客自身で対応する必要があります。たとえばバランス・ファンド１本を長期的に保有するのであればファンドを売却しない限り申告の対象にはなりません。この場合には税金が発生しないので国外財産調書の申告のみですみます。

一方でアドバイザリーや一任運用では定期的に金融商品の売買が行われます。そのためタックス・ステートメントなしでは税務申告が複雑になる可能性があります。シンガポールではタックス・ステートメントを発行していない銀行も多いようです。アクティブな資産運用を想定しているのであれば税理士に税務申告のサポートをお願いすることをお勧めいたします。

4章

プライベートバンクの商品とサービス

プライベートバンクの４つの魅力

その１――世界金融市場にアクセスできるプラットフォームと充実した金融商品

プライベートバンクがつくりあげたワンストップで世界中の金融商品にアクセスできる金融プラットフォーム、そして高い信用性を誇る商品ラインアップは非常に魅力的です。

現在では国内投信や日本株、また為替やデリバティブへの投資はオンライン証券でも行えるようになり便利になりました。その一方で日本の金融機関で取り扱われている海外籍投信や外国株・債券の品揃えは相変わらず限定的であり、グローバル運用を行うためのインフラが整っていないのが現状です。さらに金融機関によって投資商品のラインアップが異なるため商品ごとに複数の口座を使い分ける必要があります。

ある顧客から資産状況を分析してほしいと10社近い証券会社や銀行の報告書を渡されたことがあります。統合したデータを分析してみると非常にアンバランスな資産構成であることが明確になりました。それは顧客のリスク許容度とは程遠いポートフォリオの内容でした。

知らず知らずのうちにエマージング株やハイ・イールド債、またマイナー通貨の投資が想定していた許容範囲を超えていたのです。アセット・アロケーションの明確化は重要です。どのアセットや商品でリスクをとっていて、どのようにリスクが分散されているのかがわからない状況では効率的な資産運用ができないからです。

スイスでは外国人投資家規制や通貨規制、また信託規制がある一部の金融商品を除き基本的に世界中の為替、債券や株、そして投資信託の売買が可能です。プライベートバンクの口座を利用すれば「充実したラインアップの金融商品」へのアクセスと「1つの口座ですべての金融資産の管理」を行うことができるのは非常に魅力的です。

超富裕層によっては複数のプライベートバンクを利用して資産を管理しています。しかしそれはカウンターパーティーリスクの分散が目的であって、扱う商品が銀行によって異なるため（PEやヘッジファンドなど一部のオルタナティブ投資を除いて）仕方なく複数の口座を利用しているのではありません。そのため同一のリスクプロファイル運用を複数のプライベートバンクに任せることも決して珍しくありません。

金融商品の選択肢が多ければ多いほど充実した資産運用が行えます。そして優秀な商品を厳選するにはクオリティーの高い情報源が必要です。プライベートバンクでは顧客に株や債券、そして投資信託やヘッジファンドの推奨リストを提供しています。顧客は推奨リストを参考にカナダの資源関連株、北欧の薬品会社株、インド企業の米ドル債券、ブラジルの国債、またルクセンブルク籍のエコロジーファンドに投資することができます。

またアメリカのカリスマファンド・マネジャーが運用するヘッジファンドや将来性が期待されるインフラプロジェクト（プライベート・エクイティ案件）にも投資枠が残っていれば出資することも可能です。たとえば「2,000万円を売って米ドル、1,000万円を売ってユーロをスポット（決済2日後）で購入してください。そして米マイクロソフトを200株、独BMWを100株成行きで買ってください。さらにアップルのプット・オプション・2021年3月限・行使価格○○ドルを成行きで1枚売って米ドル残金をバークレーズ銀行の信託預金に預けてください」と電話一本ですべての売買取引を行えます。メールやファックス、または手紙で送金指示を出せばお子様のボーディング・スクールの学費支払や別荘の電気代の引落しも同じ口座で決済できます。金融商品の売買や送金の手続を含むクライアントサポートの全般は担当のバンカーによって執行されます。さらに口座残高や運用状況は常時eBankingで確認することができるので安心です。

信託預金

一般的にプライベートバンクの外貨普通預金（スイス・フラン以外の通貨）には利息がつきません。しかし信託預金（フィデュシャリー・デポジット）を利用すると比較的安全に金利収入を得ることができます。米ドルや豪ドル、またユーロや英ポンドなどの主要外貨に加えてマイナーな通貨（銀行によっては不可）も信託預金の対象となります。信託預金は顧客が口座をもつプライベートバンクの海外拠点、もしくは他行の海外支店に預けられます**[図表7]**。

顧客は取引銀行リストを参考に、たとえば「BNPパリバ銀行・ルクセンブルク支店に10万ドルを3カ月間、○%で預けてください」と指示を出せば信託預金が組まれます。

信託預金はスイス銀行Aの名義で決済されますが、BNPパリバ銀行・ルクセンブルク支店に資産を預けるリスクは顧客自身が負います。取引銀行は厳選されているのでカウンターパーティーリスクは低いといえますが、ノーリスクではありません。信託預金は満期のない「コール・デポジット」（通称48時間定期、金利は確定しておらず市場状況によって日々変動します）と満期のあるフィックス・ターム・デポジットの2種類に分かれています。

コール・デポジットは柔軟に定期を組むことができるため日常のキャッシュ・マネジメントに利用するには最適です。たとえば株を売却した資金を一時的にコール・デポジットで預け、数日後に再度資金が必要になったときには全額、また一部の資金を48時間後には現金化できます。

一方でフィックス・ターム・デポジットは基本的に満期まで解約ができません。またコール・デポジットでは複数の顧客の資金がプーリングされますがフィックス・ターム・デポジットでは顧客ごとに個別の定期がつくられます。

図表 7　信託預金の構造

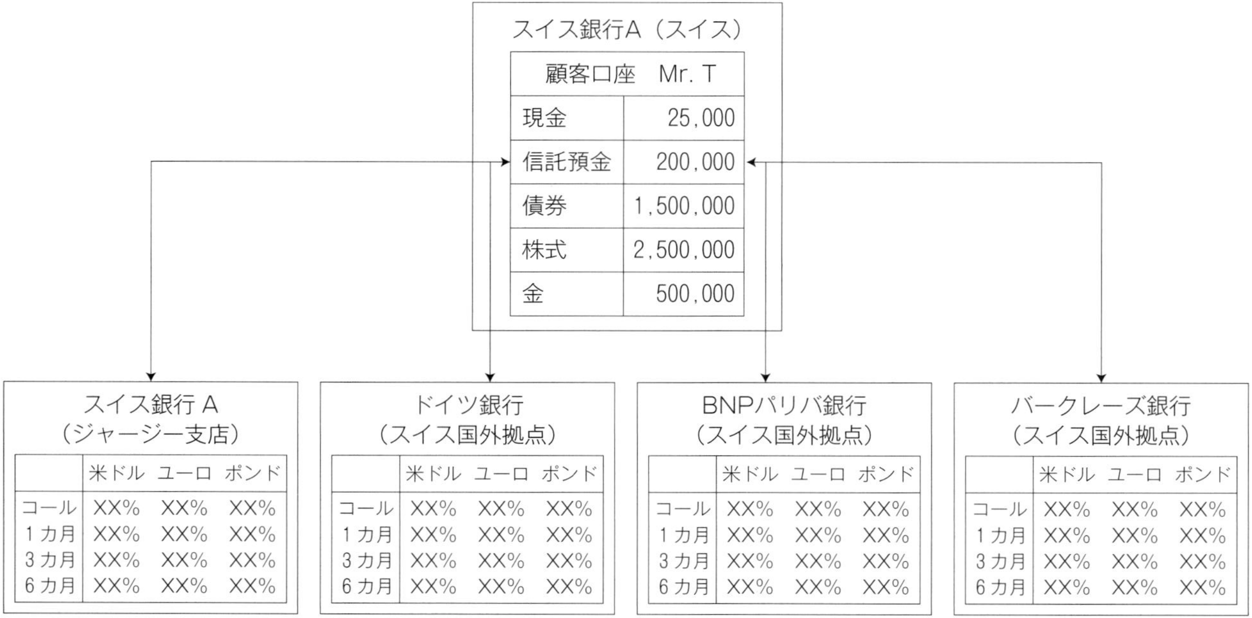

顧客は信託預金を提供している銀行のリストのなか（この例ではドイツ銀行、BNPパリバ銀行など）から預け先を選ぶ。

｜出所｜　筆者作成。

現在では世界的な低金利のため米ドルやユーロの信託預金を組んでも利息がつきません。しかし金利状況が正常化したときには現金調整を効率的に行う手段として信託預金を利用してみてはいかがでしょうか。

信託預金の利息は源泉徴収（35%）の対象とはならないので日本で税務申告を行うことを忘れないでください。

有価証券担保ローン

アジアの顧客にとりわけ需要が高いのがロンバー・ローンです。ポートフォリオにレバレッジをかけたい、一時的にキャッシュフローの調整が必要、また不動産を購入する際の不動産担保ローンより金利条件が良いからなど、ロンバー・ローンを利用する理由はさまざまです。

ロンバー・ローンには現金、マネー・マーケット・ファンド（MMF）、債券、株式、仕組債、投資信託、金地金、さらに生命保険などの金融商品が担保の対象となります。金融商品の流動性や信用性（業績や財務状況も含めて）、またボラティリティによって担保評価額（Loan to Value、LTV）は大きく異なりますが、国債やハイグレード債で運用された分散ポートフォリオには高いLTVが与えられます。現金や優良国債には80〜95%、優良株には60%前後のLTVが目安となります。

場合によってはシングル・シェア・レンディング（Single share lending、1銘柄を担保にローン）も検討されます。「アセット・リッチ、バット、キャッシュ・プアー」（自社株を保有しているけれど現金はもっていない）の上場企業経営者にはうってつけのサービスです。

市場状況にもよりますが日本の優良企業の有価証券にもシングル・シェア・レンディングのLTVを与えている銀行もあります。しかし近年では会計不正詐欺や株価暴落に伴い有価証券担保ローンによる被害や損失が多数発生しています。その結果、一部のプライベートバンクではロンバー・ローンにかかわる業務内容の見直しや業務縮小が検討されています。

仕組債

仕組債も投資家に人気が高い商品です。「元本確保型仕組債」（満期まで保有した場合、元本の一部・全額が保証されます）や「利回り強化型仕組債」（条件を満たした場合、投資対象商品のパフォーマンスと引き換えに元本の返却と高利回りが得られます）、また「連動型仕組債」（投資対象商品に連動したパフォーマンスを得ることができます）や「レバレッジ型仕組債」（投資対象商品にレバレッジを効かせ、高いリスクと引き換えに高いパフォーマンスをねらうことができます）など市場の状況と顧客のニーズに応じて幅広い商品が存在します。

さらにデュアル・カレンシー・ノートやリバース・コンバーチブル（利回り強化型仕組債）など比較的単純な仕組みであれば、少額からテーラーメイドの商品を発注することも可能です。仕組債は市場の見通しを反映させたり、リスクヘッジを行ったりするには有効な商品です。

しかし発行体の信用リスクや投資条件が満たされなかった場合、また早期売却の際には損失リスクが伴うことを忘れないでください。

その２――殖やすより守ることを重視。「運用はわれわれに任せて本業に専念してください」

お医者様が手術中に、パイロットがフライト中に、またビジネスマンが商談中に市場動向や自分の資産状況を心配していては仕事に悪影響を及ぼしてしまいます。プライベートバンクは顧客が安心して本業に専念できるように安全と長期投資を最重視した一任運用を提供してきました。顧客の要望があればハイリスクのポートフォリオ運用も行いますが、プライベートバンクはローリスク・ポートフォリオやバランス・ポートフォリオの運用を最も得意としています。

積極的な資産運用が常識であるアメリカでは「20歳の君は資産の最低80％は株に投資するべきだ」とアドバイスをされると聞いたことがあります。若ければ若いほどリスクアセットに重点を置いた資産運用を行い、歳をとるにつれて株式投資の比率を下げる戦略は教科書上では間違っていません。しかし、このアドバイスを無条件で適用することはお勧めできません。なぜならば資産運用には現状分析に加えて将来的なニーズや目的、加えてリスクに対する認識を総合的に考量したうえで運用方針を決めることが重要だからです。

アメリカでは自国企業の有価証券への投資を中心とした資産運用が行われることが多く、日本でも海外の金融情報の入手や海外商品への投資が限られているためグローバルポートフォリオをつくりあげるのが困難です。

「卵は1つのカゴに盛るな」といわれるようにリスクの分散は資産運用に限らず人生においても重要です。金融危機や経済低迷、また経営悪化の末、働いていた会社が倒産してしまうことは決して珍しいことではありません。現に私が勤めていた山一證券も自主廃業してしまいました。夫婦で同じ職場で働き、また資産の大半を自社株に投資していたら現在の収入と資産に加え将来の退職金も同時に失ってしまいます。最悪な事態が起こっても損害を最低限に抑えるためのリスク管理と事前対策は必要です。

スイスのプライベートバンクは世界の金融経済情勢を常にモニタリングし「国際分散投資」と「長期投資」を重視した安定運用を提供してきました。多くの顧客にとってスイスで預けている資産は非常事態に備えた、いわば保険でありプライベートバンクでは資産を殖やすことよりも守ることを優先してきました。

しかし、さすがにリーマン・ショック時のようにすべての資産が同時に暴落した状況下では分散ポートフォリオでも資産の評価損は免れませんでした。ダイナミック型運用（115ページ参照）の末、評価額が激減したポートフォリオの損失を取り戻すためには基本的に2択しかありません。さらに資産を失う覚悟でハイリスク運用を続行するか、もしくは投資戦略を見直してコンサバ運用に切り替えるかです。前者の場合では、評価額が50（要するに50％減）まで下がったポートフォリオを100に戻すには、「たったの」50％の上昇率では70までにしか回復しません。倍にしなくては100に戻らないのです。そして後者の場合には、資産評価額が元に戻るには相当な時間がかかると推定されます。しかし初めから安全を重視した運用をしていれば、たとえ金融市場の暴落が起こってもポートフォリオの減少率を最低限に抑えることができます。その結果、損失を回復する時間を大幅に短縮できます。実際に○○プライベートバンクで運用されていたコンサバポートフォリオは1年ほどでリーマン・ショックによって被った損失を取り戻しています。

一部のプライベートバンクでは大口顧客を除いてはポートフォリオ・マネジャーから運用報告を直接得ることができません。効率性や生産性を重視するあまりに顧客へのコミュニケーションをおろそかにしているのは残念です。○○プライベートバンクでは顧客とのコミュニケーションを最重視していました。マーケットが良いときも、そして悪いときも顧客には定期的な運用状況のアップデートが行われていました。

私が担当した顧客に毎年年明けに家族総出で銀行を訪れる方がいました。南米でファミリービジネスを営む彼らは自国の治安や通貨、そして経済状況に大きな危機感をもっていました。彼らにとってスイスで管理する資産は不測の際に備えた資金です。

1日目は顧客による近況報告とポートフォリオの状況確認が行われ、翌日にはポートフォリオ・マネジャーによる成績報告が行われました。そして3時間にも及ぶ経済・金融市況、また投資商品や運用戦略に関する質問攻めにあった後、家族で相談するから席を外してくれないかと告げられるのはいつものことでした。約束の15分後に部屋に戻ると「ミスターイノウエ、御行の運用方針はよく理解できました。ありがとうございました。今年も一年、またよろしくお願いします」と毎年オーディションを受けているようでした。

スイスのプライベートバンクは遠く離れた国でお住まいの顧客が安心して資産管理を任せることができる体制を構築してきました。顧客との信頼関係を最優先するプライベートバンクとお付き合いすることをお勧めします。

その3――オルタナティブ投資でリスク分散

オルタナティブ資産とは「伝統資産にかわる」資産であり、預金や為替、また株式や債券のように流動性が高い商品以外の金融資産を指しています。代表的なオルタナティブ資産はヘッジファンドやプライベート・エクイティ、そして不動産や金・資源などを含む実物資産です。

世界最大の資産運用ハブであるスイスにはヒトとお金、そして膨大な量の金融情報が集まってきます。ヘッジファンドの主要投資家でもあるスイスのプライベートバンクには、一般的にはアクセスすることがきわめて困難な商品情報が寄せられます。

さらにファンドアナリストはニューヨークやロンドン、また香港やシンガポールに拠点を置く運用会社を定期的に訪れることで運用実態の確認と情報収集を行っています。幅広い商品ラインアップと豊かな専門知識はスイス・プライベートバンクの大きな強みです。その一方でオルタナティブ資産への投資環境が整っていない日本では海外籍ヘッジファンドやプライベート・エクイティ・ファンドへのアクセスが限られています。それゆえに商品の概要や基礎的な情報を得ることすらむずかしいのが現状です。このような状況下では魅力的な商品への投資機会を失ってしまい、最善のリスクバランス・ポートフォリオ運用を行うことは困難です。

一般的にヘッジファンドは「マーケット状況にかかわらず絶対的な利益を追求する」、また「流動性が低い」、そして「最低投資金額が高い」など通常の投資信託（ロング・オンリー・ファンド）とは異なる特徴があります。さらにヘッジファンドは商品説明や運用報告書も一般公開されておらず透明性に欠ける商品です。これらの理由から原則、一般投資家に提案される投資商品ではありません。

しかし、機関投資家、またスイスのプライベートバンクは従来、ヘッジファンドを利用することでポートフォリオのリスクを調整してきました。

リーマン・ショックのきっかけとなったサブプライムローンをショートすることで莫大な利益をあげたポールソン・ファンドの上客もスイスのプライベートバンクとその顧客でした。

ヘッジファンドの投資方針はファンドによって異なり、またその投資手法は非常に複雑です。「ロング・ショート」や「マーケット・ニュートラル」、また「債券アービトラージ」や「コンバーティブルアービトラージ」戦略はひと言でいうと割高の金融資産・商品を空売りして割安の金融資産・商品を購入する手法です。

「イベント・ドリブン」は買収や合併、また業務提携などの一大イベントが企業の評価、また株価や債券価格にどう反響されるかを予想したうえでポジションをとる投資手法です。「グローバルマクロ」のマネジャーは独自のマクロ分析に基づいて金融市場の動向を予想します。そして自らの描くシナリオを株や債券、また為替やデリバティブ、コモディティなどの金融商品を利用して反映させる投資手法です。ファンドマネジャーとトレーダーの経験とスキルが運用成績に大きく影響される一方で、コンピュータプログラムを利用したヘッジファンドではアルゴリズムやリスク管理の精度が重要なポイントになります。

大抵のプライベートバンクではヘッジファンド推奨リストを制作しています。また一任運用のポートフォリオにも顧客の承諾があればヘッジファンドが組み入れられます。プライベート・エクイティ・ファンド（PEファンド。ダイレクト・インベストメント、またファンド・オブ・ファンズ）も機関投資家や超富裕層には人気が高い投資商品です。プライベート・エクイティとは成長余地が見込まれる未上場企業に投資をするハイリスクでハイリターンの超長期投資（一般的には10〜12年）です。

数年後にほかのファンドに売却されることもありますが、通常では企業価値を高めた後に株式公開やM&Aで投資資金の回収が行われます。先進国の有望IT企業やバイオテクノロジー企業に投資するファンドもあれば、アフリカの企業やインフラプロジェクトに投資をしているPEファンドも存在します。医療やバイオテクノロジー関連企業、また発展途上国に資金援助を行うことは社会貢献でもあります。プライベート・エクイティへの投資は高いIRR（Internal Rate of Return、内部利益率）が期待される一方で、投資資金をすべて失ってしまうリスクもゼロではありません。

また情報の透明性はきわめて低く原則として途中解約ができない、さらに上場しているファンドを除いてはPEファンドへの投資金額は数千万～数億円とハードルが高いのも特徴です。そのためPEファンドは一任運用では投資対象外でありLTVもつきません。PEはあくまでも特定の投資家を対象とした金融商品です。

金は希少価値がきわめて高い最優良資産のひとつであり、宝飾品としても古来より重宝されてきました。また金には世界共通の通貨としての価値があり紙幣や有価証券のように紙切れになるリスクがないため現在でも各国の中央銀行は莫大な量の金を保有しています。意外に思われる方も多いと思いますが、スイス連邦税関事務所統計（2019年度）によると貴金属・宝石は化学薬品・医薬品に次ぐスイスの主な輸出商品です。そして実に世界の70～75%の金は業界最大手のメタロー（2016年以来、田中貴金属工業の子会社）、PAMP、バルカンブなどによってスイスで精錬されています。

スイスのプライベートバンクで金への投資を行うには主に3つの手段があります。1つ目が現物である金地金の購入、2つ目がメタル口座（ペーパーメタル。通貨としての価値があり金地金への変換も可能）を利用したペーパーゴールドの購入、そして3つ目がゴールドETF（Exchange Traded Fund）の売買です。一任運用で金に投資する際には通常ではゴールドETFが利用されます。ペーパーゴールドやゴールドETFは手軽に金投資を行う手段としては非常に魅力的ですが、その一方で「現物を所有する」満足感や安心感を得ることはできません。

一般的にゴールドETFはスワップ取引ではなく現物の金を保有していますが、顧客が直接金を保有しているわけではありません。スイスでは昔から金への需要が非常に高く「金保管室の床が抜けて建物が崩壊しそうだ！」とのニュースが発信されるほど、とてつもない量の金地金がプライベートバンクの金金庫で保管されています。もちろん建物の崩壊は冗談です。

なぜ、それほど世界中の資産家はスイスのプライベートバンクで金を保管することにこだわるのでしょうか。それは経済・金融危機に備えて購入した金地金を「安全な国」、そして「安全な金融機関」で保管しないと意味がないからです。ある日本の有名芸能人が安全な金地金を安全な自宅（?）で保管していたら泥棒に盗まれたと新聞で読んだことがあります。通常では、プライベートバンクの金金庫（個人で契約する金庫とは別の金専用金庫）で保管される金地金は戦争（スイスが戦争で攻め込まれるリスクはきわめて低いと考えられます）による被害を除く災害や盗難に対して100%の保証がされています。またスイスでは金地金の購入時には消費税がかかりません。

その4――理想のライフスタイルを実現するためにプライベートバンクを利用する

世界中の顧客がプライベートバンクをこれほど重宝している理由は「安全や安心」また「充実した資産運用」に加えてテーラーメイドの「ライフスタイル」サービスを提供しているからです。

顧客の生活、家族、さらにビジネスと資産を総合的にサポートするのがプライベートバンクの役目です。バンカーとの強い信頼関係があるからこそ顧客は安心して悩みを打ち明けることができ、家族やライフプランについてアドバイスを求めるのです。

リロケーションサポートはプライベートバンクが得意とするサービスのひとつです。海外移住を希望する顧客には滞在免許書の取得や不動産の賃貸契約、必要に応じて海外法人（事業法人や財団、またはトラスト）設立のお手伝いなど一括したサービスが提供されます。また子どもの教育に関する相談も多く寄せられます。わが子にはスイスのボーディング・スクールで国際的な教養を身につけてほしいと願う顧客が多いからです。

そしてバンカー自ら連絡人となり現地での対応を任されることも少なくありません。

大手のプライベートバンクでは「ネクストジェネレーション・セミナー」と呼ばれる次世代の育成プログラムをスイスやシンガポール、またその他の国で毎年開催しています。

将来ファミリービジネスを継いでいくネクストジェネレーションを対象としたセミナーではファミリーガバナンスのスペシャリストの講義により社会の仕組みや金融、ビジネスについて学ぶことができます。セミナーを通して知り合った世界中の仲間との出会いは大切な人脈となります。

ライフワークのサポートやアートコレクションの管理、また慈善活動のお手伝いを行うプライベートバンクもあります。多くの成功者や企業家は慈善事業に強い関心があります。自分の資産は次世代の育成のために、伝統文化を守るために、また恵まれない地域の人たちのためにと財団を立ち上げ寄付活動を行う資産家は多くいます。顧客の社会貢献活動をサポートするのもバンカーの重要な任務です。

財団の立上げや運営、そして財団資産の運用と管理などプライベートバンクではありとあらゆる過程において顧客の目的や夢を支援する体制を整えています。顧客がスイスや南仏に保有する別荘や車の管理、さらに使用人の採用や生活費すべての支払を任されることもあります。

プライベートバンクが世界中に張り巡らせたネットワークや人脈はグローバルに活動する顧客にとって優良な情報源です。ライフスタイルサービスをすべての顧客が必要としているわけではありません。またすべての顧客にライフスタイルサポートが行われるわけではありません。バンカーは会社の設立やお子様の学校の手続をお手伝いしたからとサービス費をチャージしません（司法書士や弁護士費用は顧客負担）。そのためサービスの対象となる顧客は預り資産額によって限定されることには理解が必要です。

II

プライベートバンクで提供される資産運用サービス

エグゼキューション・オンリー、 アドバイザリー契約、 それとも一任運用契約？

顧客によって資産運用のニーズは異なります。プライベートバンクの主な資産運用サービスは「エグゼキューション・オンリー」、「アドバイザリー・サービス（Advisory Mandate）」、そして「一任運用サービス（Discretionary Mandate）」です。

本業で忙しいからと資産の運用はポートフォリオ・マネジャーに一任する顧客（一任運用）もいれば、バンカーと市場状況を随時確認しながら投資を行いたいと希望する顧客（アドバイザリー）もいます。しかし、なかにはバンカーからのサポートは必要ないけれど充実した金融インフラを利用する目的でスイスのプライベートバンクに口座を開設する顧客（エグゼキューション）もいます。

「エグゼキューション・オンリー」とはその言葉どおり、顧客に決済と信託機能のみを提供するサービスです。資産運用にかかわるすべての決済機能が提供される一方で、基本的にはバンカーによる投資アドバイスは行われません。バンカーは有価証券の売買オーダーの「エグゼキューション」やローンの申請、また送金・支払の手続と口座の管理にかかわるサポートを行います。マーケット情報や市場の見通し、さらに株・債券や投資信託の推奨リストをバンカーから入手することは可能ですが、すべての投資判断は顧客自らの決断で下すことが求められています。マーケットや金融商品に精通している顧客がプライベートバンクのプラットフォームを利用して自由に資産の運用・保管を行うにはエグゼキューション・オンリーは最適です。

幅広い投資商品へのアクセスと充実した銀行・証券機能を利用できることが大きなメリットです。

「アドバイザリー契約」を選択した顧客には担当のインベストメント・アドバイザーから市場情報や投資アドバイスが提供されます。アドバイザリー契約は選択したコースによってサービス内容が異なります。そこまでアクティブな投資アドバイスを必要としていないライト・アドバイザリーの場合には、銀行によってはバンカー自身がインベストメント・アドバイザーとなって顧客に情報提供を行うこともあります。

アドバイザリー契約では顧客の長期的目的と中期的なニーズを総合的にコンサルティングし、またリスクプロファイルを考慮したうえで最適な投資方針とポートフォリオ（銀行が推奨するモデルポートフォリオを参考にします）が提案されます。顧客独自の投資アイデアやイデオロギーが反映されたポートフォリオをつくりあげることができるのはアドバイザリー契約の大きな魅力です。インベストメント・アドバイザーは顧客からの売買指示の執行とポートフォリオのモニタリング、また口座管理を行います。投資売買にかかわるすべての最終判断は顧客自身が行うため、インベストメント・アドバイザーが顧客の許可なしに金融商品の売買を行うことはありません。アドバイザリー契約には売買手数料や信託手数料に加え、年間ベースの「アドバイス手数料」がかかります。

実はつい最近まで「アドバイザリー契約」といったサービスは存在しませんでした。それは「エグゼキューション・オンリー」の顧客に無料で投資アドバイスが行われていたからです。しかし金融商品・サービスにかかわる勧誘規制やモニタリング義務が厳しくなった現在では、積極的な投資助言を必要とする顧客にはアドバイザリー契約の締結が求められています。当然プライベートバンクにとってはアドバイザリー契約が新しい収入源を確保するための口実になったことはいうまでもありません。

「一任運用契約」とはポートフォリオ・マネジャーが顧客にかわって資産の運用と管理を一任されて行うサービスです。一任運用では顧客のリスクプロファイルとニーズに即した運用戦略が実行されます。投資戦略、商品選択と売買、またリスク管理など、ポートフォリオの運用にかかわるすべての作業は担当のポートフォリオ・マネジャーによって執行されるため、顧客は安心して日々の生活や仕事に専念できるのは大きなメリットです。一任運用はスイス・プライベートバンクの代表的なサービスであり、特に伝統的な小規模プライベートバンクでは一任運用契約の比率が高いのが特徴です。

その一方で香港やシンガポールのプライベートバンクでは一任運用サービスはそれほど浸透していません。次項では一任運用サービスと運用プロセスについて説明していきます。なお、顧客の在住地によってはアドバイザリー・サービス、また一任運用を提供していない銀行もあります（5章参照）。

マルチ・アセット・ポートフォリオ運用――「リスクを控えたい人、控えるべき人」

スイスで運用を任せれば「年間平均10〜15％の運用リターンなど当たり前」、また「彼らには資産を100％保全しながら確実に殖やしていく秘密の運用手段がある」などと間違った情報が拡散されているようです。残念ながら皆さんが期待するような「秘伝」の資産運用方法はスイスのプライベートバンクにもありません。

プライベートバンクは顧客の資産を守ることを優先しているため、長期的に安定したポートフォリオの運用を目指しています。短期的に高いリターンをあげることにこだわるのであれば証券会社の営業担当者から積極的な投資アドバイスを受けるほうが目的を達成しやすいかもしれません。もちろんリスクを十分に理解したうえで助言や運用を依頼してください。

「一任運用サービス」とはその名のとおりポートフォリオ・マネジャーが

顧客にかわって資産運用を行うサービスです。バンカーによるリスク・プロファイリングの末、顧客の目的に最適な運用プロファイルが提案されます。一般的に一任ポートフォリオの評価通貨（Reference Currency）はユーロ、米ドル、英ポンド、またスイス・フランが採用されています（一任運用でなければ口座の評価通貨を日本円にすることやブラジル・レアルにすることも顧客の自由です）。

評価通貨とはポートフォリオの軸となる通貨、またパフォーマンスを計算するうえで利用する通貨です。ユーロや米ドルを評価通貨にしているのはユーロ圏の顧客や米ドルを基準通貨に利用する顧客（特に中近東、南米やアジアの顧客）が多いからです。スウェーデン人の顧客が多い銀行ではスウェーデン・クローナが一任運用の評価通貨のリストに載っているかもしれません。

運用プロファイルは一般的に「ローリスク・ポートフォリオ」から「ハイリスク・ポートフォリオ」までの4～6段階に分けられています。名称は銀行によって異なりますが、5段階の運用プロファイルを設けている場合では一般的に「インカム型」、「イールド型」、「バランス型」、「グロース型」、そして「ダイナミック型」と呼ばれています［図表8］。

ローリスク・ローリターン、またハイリスク・ハイリターンといわれるように、期待リターンとボラティリティは密接に連動しています。ポートフォリオの運用期間は通常3年から7年を想定しており現金、債券、株式、そしてオルタナティブ資産への分散投資が行われます。

基本的にポートフォリオに占める株式の比率はハイリスク・ポートフォリオになるにつれて高くなり、その逆に債券の比率は低くなります。また顧客の要求があればオルタナティブへの投資は控えることは可能です。

インカム型

資産の保全が目的です。グローバル債券とマネー・マーケット・ファンド（MMF）への投資から得る利子・利息による安定した収入に加え、状況によってはキャピタルゲインをねらいます。債券ポートフォリオの運用にはカントリーリスクやセクターリスク、またクレジットリスク、デュレーションリスクや金利リスクなどありとあらゆるリスクが考慮されます。評価通貨の優良国債や社債を優先した分散ポートフォリオが提供されます。

イールド型

保全に加え資産の緩やかな上昇が目的です。ポートフォリオの大部分は債券に投資されますが、株式投資による多少のキャピタルゲインもねらいます。

バランス型

資産の中期的な成長が目的です。債券と株、またオルタナティブに分散投資を行い、利子・利息とキャピタルゲインをねらいます。

グロース型

資産の長期的な成長が目的です。多少の債券は保有しますが、株やオルタナティブに優先的に投資することでキャピタルゲインをねらいます。

ダイナミック型

資産価値の積極的な成長が目的です。株やオルタナティブに集中的に投資してキャピタルゲインをねらいます。

米ドルのバランス型ポートフォリオの運用には主に米ドルの債券、株または金融商品が利用されます。しかし分散投資の一環として欧州やアジア、またその他の通貨の金融商品も仕組まれています。米ドル・ポートフォリオにとって最も重要になるのは米ドルでの資産評価です。その結果、もしユーロが米ドルに対して下がると予想されるとポートフォリオのユーロ・エクスポージャーを下げるために為替ヘッジ（たとえばユーロ・米ドル3カ月の先物

図表8　ポートフォリオごとのリスク・リターン特性

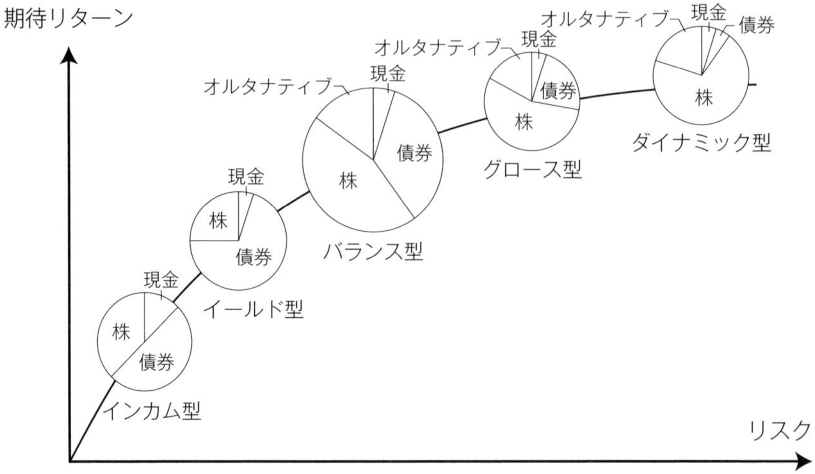

|出所|　筆者作成。

を売ります）が行われることもあります。

インカム型やイールド型の為替リスクは最小限に抑えられ、バランス型でも通常ではポートフォリオの70％以上を評価通貨で占めるように調整されます。その場合、為替リスクは30％以下になります。米ドル・バランス型ポートフォリオの目標リターンは平均で年利4～6％と決して高くはありませんが、長期的に安定した資産運用を希望する顧客のニーズに沿った商品・サービスです。ちなみに日本人顧客の多くは保守的運用を優先しているため、米ドルのイールド型、もしくはバランス型ポートフォリオを選択する傾向にあります。

また最近では安全通貨であるスイス・フランを基準通貨とした運用への関心も高まっています。自分に最適な運用プロファイル（リスクプロファイル）を選択することは非常に重要です。そして定期的に現状、運用の目的、またリスク尺度に変化がないかを確認することが必要です。

「ビスポーク一任運用」とは何ですか

もともとは顧客にかかわる業務全般は担当のバンカーとそのアシスタントが行っていました。昔は一任運用ポートフォリオもバンカー自らが運用していました。それはバンカーがだれよりも顧客のニーズを理解しているからです。しかしバンカーのスキルによって運用成績に差が出るのを避けるため、また規制強化に伴いリスク管理がむずかしくなってしまったため、現在ではすべての一任運用はDiscretionary Managementチームによって管理されています。

ある銀行では同一に運用されているはずの2つのバランス・ポートフォリオの運用成績があまりにも異なっていることが発覚し、訴訟問題に発展したことがあります。兄弟で同じ銀行の、しかし別々のバンカーに運用を任せていたところ「ジョンは儲かっているのになぜ俺はこんなに損をしているんだ！」と銀行が訴えられてしまったのです。

それは本来起こってはいけない事態です。契約上、顧客は銀行に資産の運用を依頼したのであってバンカーに運用を任せたわけではありません。銀行にはすべてのポートフォリオをできる限り同様（運用のタイミングや金額によって多少の差は出てしまいます）に運用する義務があるからです。

ちなみに守秘義務制度が健在の頃には顧客は運用の成績が悪いからと銀行を訴えることはまれでした。公に訴えを起こせば秘密口座の存在が明るみになり、銀行との訴訟は勝てても税務当局からの取調べにあってしまうからです。

現在では多くの銀行はポートフォリオ・マネジメント・システム（PMS）を導入することですべてのポートフォリオを一律に、そして効率よく運用しています。PMSを利用することによってオーダーの入力、キャッシュ・マネジメント、またリバランシング（相場が変動することによって資産配分が変わってしまったポートフォリオのアセット・アロケーションの修正）やリスク管理を容易に行うことができます。

たとえばAT&T（アメリカ）株を売って、フランステレコム（フランス）株を買うといった作業は非常にシンプルな売買取引です。しかしリスクプロファイルごとに、そして評価通貨ごとに投資比率を考慮し、一括にオーダーを入力し、さらに為替手続を数百～数千のポートフォリオで行うのは想像以上に複雑です。オーダーを同時に、すべてのポートフォリオを同様に扱わなければ運用成績に誤差が発生する可能性があります。

一任運用にはトラディショナル運用とビスポーク運用があります。トラディショナル運用では運用戦略の一律性を保つ必要があります。同じリスクプロファイルの同じ評価通貨のポートフォリオはまったく同様に運用されなくてはいけません。そのため残念ながら顧客の意見をポートフォリオに反映させることができません。そこがトラディショナル運用の欠点です。市場に不安を感じているので株の比率を下げてほしい、IT企業に集中的に投資してほしいといった「リクエスト」、また米国債へはいっさい投資しないでほしいといった「運用制限（Restriction）」の要望も受けることができません。顧客のリクエスト一つひとつに対応していては時間や手間がかかり、ポートフォリオを均一に運用することができなくなってしまいます。イギリスやフランスのように顧客の在住国によっては投資制限や税制対応を考慮する必要があるため、地域専属のポートフォリオ・マネジャーが個別にポートフォリオを運用する場合もあります。しかし顧客自身が要求する運用制限には対応をしていません。

その一方、柔軟なテーラーメイド一任運用を希望する顧客にはビスポーク一任運用（Bespoke）が提案されます。ビスポーク一任運用では運用目的とリスクプロファイルを重視しつつも、顧客のリクエストや運用制限を確実にポートフォリオに反映させることができるのが大きな強みです。顧客のリクエストがあればESG（Environment Social Governance）やSDGs（Sustainable Development Goals）志向の投資商品を優先的に利用したポートフォリオをつくりあげることや、通常の一任運用では組み入れることがないブラジル債券やアルゼンチン債券などハイリスクの個別銘柄に投資することも可能です。

さらに機関投資家や大口顧客向けの金融商品にもアクセスすることやまた特注の仕組債を組み入れることもあります。状況によってはオプションや先物などのデリバティブを活用したリスクチューニングも提案されるかもしれません。

たとえば「米国株は調整局面に入るかもしれない、しかしまだ多少の上昇余地はあると思うので、いますぐに保有するETFを売りたくない」とバンカーに相談すると、「ストライク・プライス○○の米国株ETFコール・オプション（カバー・コール）を売って得たプレミアムでストライク・プライス○○のプット・オプションを同時に購入するのはどうですか」と提案されるかもしれません。

ビスポーク運用では運用報告書もテーラーメイド化されているため、顧客のニーズに沿った運用の説明やパフォーマンス分析が行われます。専属のシニアポートフォリオ・マネジャーによる手堅いサービスは大変魅力的ですが、ビスポーク運用の最低運用金額は通常1,000万ドル以上とハードルが高いのが大きなネックとなっています。

一任運用を任せるときに注意するべきこと

大手プライベートバンクは充実した情報源と幅広い分野の市場分析力が強みです。しかし実際には投資メンバーの人数と運用成績（リスク・リターン）は比例していません。大手だからといって決して小規模のプライベートバンクや投資顧問会社より運用成績が高いわけではありません。もっとも大手金融機関では効率化が最優先されているため、一任運用は入社3年目のジュニアポートフォリオ・マネジャーによって機械的な作業で「さばかれている」のが現状です。

ポートフォリオの一任運用を任せるときは金融機関の規模で判断するので

はなく彼らの運用プロセス、そして運用担当者の経験とスキルを確認することが重要です。いくら良い投資案を思いついても運用プロセスが複雑であるがためにトレードを実行するまでに2週間もかかってしまっては意味がありません。

一任運用を開始する前には必ず投資提案書を請求してモデルポートフォリオや運用方針を確かめてください。大抵の場合ではポートフォリオ・マネジャーによるプレゼンテーションで運用の方向性が提示されます。ポートフォリオ・マネジャーから直接話を聞きたいとリクエストしても、かわりにとインベストメント・アドバイザーとの面会を勧められるようであればその銀行とお付き合いするのは控えたほうがよいかもしれません。

効率だけを優先して顧客サービスを重視していない銀行とは私であればお付き合いしません。担当のポートフォリオ・マネジャーが任命されているからと運用成績には直接影響はありません。しかしポートフォリオ・マネジャーと円滑なコミュニケーションを継続することで大事な資産の運用を安心して任せることができます。長期のお付き合いが前提の一任運用において運用報告がしっかり行われているかを確認するのは非常に重要です。

またポートフォリオ・マネジャーやバンカーと定期的に面談することは運用プロファイルが自分のいまの状況に適切であるかを確認することにもつながります。

一任運用のポートフォリオの大半に「無難に運用している」自社ファンド、また大手アセットマネジメント会社のファンドが並んでいるのを目にしたことがあります。顧客にとっては非常に気になるポイントです。

それらのファンド（特に株式を対象としたファンド）の多くにはファンドマネジャーによる付加価値があまりないからです。アクティブ・ファンドはファンドの運営経費に加えて1〜2%の運用手数料がかかっています。そのため、無難に運用されているファンドはベンチマーク（ファンドの基準指標、たとえば日経225、S&P500、DAXなど）を超えるパフォーマンスを出すことがむずかしいのが現状です。

米国株式や欧州株式を確実にポートフォリオに反映させたいのであればSPDR S&P500 ETFやiShares STOXX Europe 600 ETFを利用したほうが断然効率的です。△△プライベートバンクのポートフォリオの大半は自社のファンド・オブ・ファンズでした。まさに手数料の二重、三重取りです。運用残高が小さい場合には、自社で運用するファンド・オブ・ファンズに投資してもらうのは仕方がないことです。しかしその場合には、ポートフォリオ自体に運用手数料をチャージするべきではありません。

また○○プライベートバンクでは現在の超低金利状況にもかかわらず、運用手数料を1%もチャージする自社のユーロ建てマネー・マーケット・ファンド（MMF）を10%近くポートフォリオに仕組んでいました。リーマン・ショックがきっかけでハイリスク証券に投資していた事実が明るみになり杜撰なリスク管理が問題視されたMMFもありました。しかし通常MMFは信用性が高い短期証券に投資されています。そのため、現在のようなマイナス金利の環境でユーロ建てやスイス・フラン建てのMMFがファンド管理費や運用手数料をカバーして十分な収益を生み出すのはきわめて困難です。銀行や金額によって現金にもマイナス金利は適用されますがMMFのように信託手数料は加算されません。顧客のメリットをいちばんに優先したプライベートバンクが運用する付加価値のあるアクティブ・ファンドや金融商品を組み入れている一任運用をお勧めします。

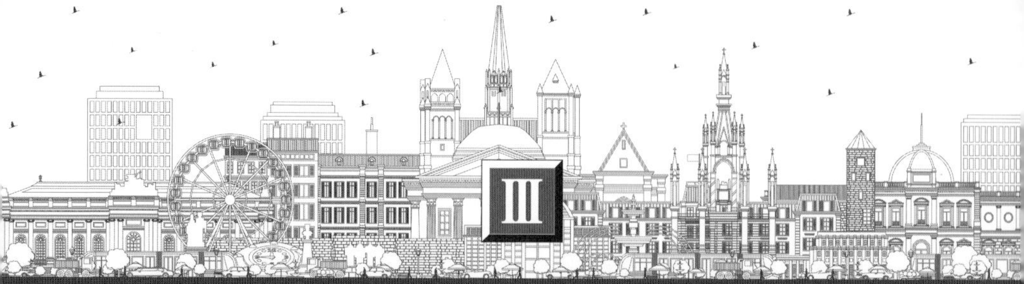

Ⅲ 運用成績は投資プロセスとアセット・アロケーションで決まる？

資産運用は投資戦略を規律正しく実行することが重要、短期的な市場動向に惑わされてはいけない

資産運用は合理的に考案された「投資戦略」（インベストメント・ストラテジー）を規律正しく実行することが重要です。投資戦略の構想設計、そして決断は「投資戦略会議」（Investment Committee、IC）によって行われます。ICでは投資部署に所属する投資メンバーによる現状分析と今後の見通し、また投資予定の金融商品の概要説明や意見交換が行われます。投資部署にはチーフ・インベストメント・オフィサー（Chief Investment Officer、CIO。最高投資責任者）をはじめ、ストラテジスト、エコノミスト、証券アナリスト、クレジット・アナリスト、投資信託アナリスト、ポートフォリオ・マネジャーやプロダクト・マネジャーが所属しています。大手銀行ではさらにクオンツ（データ・統計・モメンタム・アナリスト）やチャーティスト（チャート・アナリスト）、また不動産や実物資産に特化した専門アナリストが在籍しています。

ICは原則毎月行われます。そして非常事態が起こったときにはそのつど「緊急IC会議」が開かれます。基本的に投資戦略は長期的な視野に立った判断でつくられているため、頻繁に、そして大幅な見解の見直しが行われることはありません。しかし緊急会議では状況に応じた対策案が議論されます。

投資戦略はマクロ経済の動向や金融政策・財政政策・政治環境、またア

セット・クラス（現金、債券、株式、オルタナティブなど）のバリューエーションや金融市場のリスクを総合的に分析したうえで決められます。インターネットが普及した現在では世界中の情報を収集すること自体はさほどむずかしいことではありません。だれでも世界中のニュースや各国の経済指標、また企業の決算書にアクセスすることは可能です。しかし莫大な量のニュースやデータから有益な情報を選択し、客観的な投資判断を行うには投資メンバーの豊かな知識と長年の経験が不可欠です。複数の経済サイクルや金融危機を経験しているからこそ冷静な投資判断ができ、過去の教訓を生かした投資構想を練ることができるのです。

ICで決められた投資戦略はモデルポートフォリオの「アセット・アロケーション」に反映され、また「ハウス・ビュー報告書」を通じて運用担当者と顧客に伝えられます。アセット・アロケーションとはポートフォリオを構成するアセット・クラスの資産分配です。アセット・アロケーションには主に「ストラテジック・アセット・アロケーション（Strategic Asset Allocation、SAA）」と「タクティカル・アセット・アロケーション（Tactical Asset Allocation、TAA）」があります。

SAAは中・長期的な観点から最適だと思われる理想的な資産配分です。各アセット・クラスの過去のパフォーマンス、また経済や金融市場の動向が参考にされます。一方でTAAは現在優先するべき資産配分の比率です。SAAをベンチマークに現在の相場の状況や中期的な見通しが反映されます。

TAAは通常ICで決められますが、大手金融機関ではICとは別にアセット・アロケーション会議（ACC）が設置されていることもあります。ACCでは一般的に「トップダウン・アプローチ」によってTAAのアセット・クラス、さらにサブ・アセット・クラス（たとえば債券では国債、社債、ハイ・イールド債やエマージング債など）の配分を決めていきます。トップダウン・アプローチとはマクロ的な視点や経済・政治・金融のシナリオを参考に資産の配分を行うプロセスです。

たとえば景気回復によって市場予想を超える企業業績が望める状況であ

る、相対的に割安感がある、また引き続き低金利政策が続くと思われる、などと株式投資に好条件が調った場合、ポートフォリオ内の株式比率を「オーバーウェイト」（マーケットに対して強気、そして分配比率を高くすること）にします。さらにアメリカの財政政策の拡大によって失業率の低下や消費の拡大が望めるとの期待感から、世界株式市場でも特に「米国株を優先」するといった具合に資産の分配を行っていきます[図表9]。

一部のプライベートバンクや投資顧問会社では、ファンダメンタルに基づいたトップダウン・アプローチに加えリスク・パリティ手法（各アセット・クラスのリスクを重視した手法）がアセット・アロケーションを決める際に利用されています。投資では短期的な不安要素をすべて取り除くことや市場の

図表9　インベストメント・プロセスの例

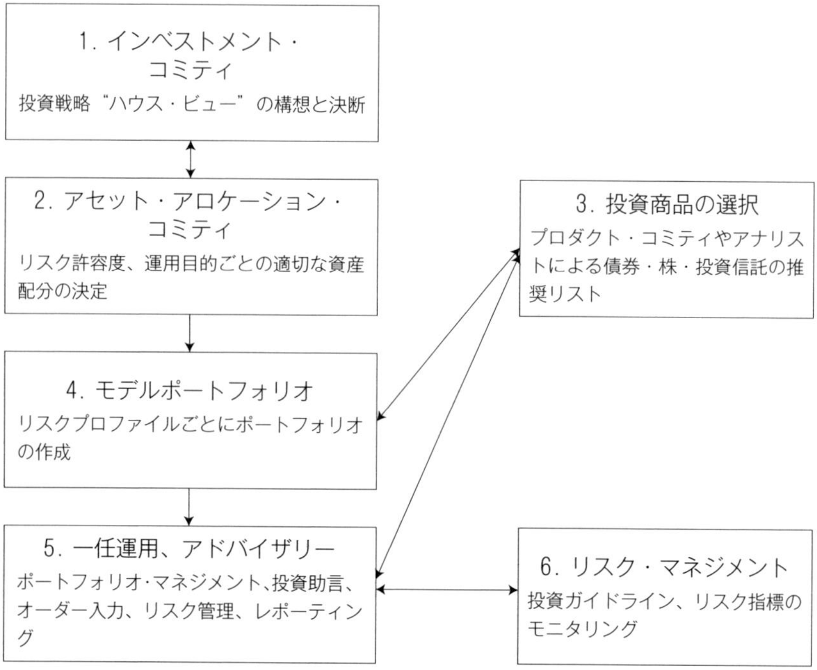

|出所|　筆者作成。

暴落による損失を完全に防止することは不可能です。しかし短期的なボラティリティに惑わされてしまい、計画性に欠ける売買を繰り返すことはポートフォリオのリスク・バランスを崩す結果となってしまいます。

根本的なシナリオに大きな変化がない限り市場に影響されて短期的な売買を繰り返す行為は効率的ではありません。トラディショナル一任運用も、ビスポーク一任運用もイールド型やバランス型のポートフォリオでは長期的な資産形成を視野に入れた安定運用を目的としています。資産運用は決して短期的な市場動向に惑わされるのではなく投資戦略に沿った運用を「規律正しく」実行することが重要です。

モデルポートフォリオには投資メンバーの経験とノウハウが凝縮されている

一任運用はプライベートバンクと投資顧問会社の代表的な商品であり「モデルポートフォリオ」には各社の運用方針、マーケットに対する見通しや投資メンバーの経験とスキルが反映されています。一任運用を行わないにしてもモデルポートフォリオとポートフォリオのリスク管理がどのように行われているかを確認することは、そのプライベートバンクの運用スキルを知るうえで重要な基準のひとつになるでしょう。

「アセット・アロケーション」と「投資商品や銘柄」が決まったら運用プロファイルと基準通貨ごとに目標ポートフォリオとなる「モデルポートフォリオ」が作成されます。5つの運用プロファイルに4種の評価通貨がある場合には20のモデルポートフォリオが存在します。カレー料理で例えるとアセット・アロケーションは「レシピ」、投資商品や銘柄は「材料」、運用プロファイルが「辛さ」、さらに通貨が「具材」に相当します。辛さや具材に応じてレシピや材料が調整された本格的カレーです。

たとえばインベストメント・グレード債（格付会社から投資適格と判断された債券、**[図表10]** では21％）にはA社のグローバル国債投信に5％、B社の債券投信に3%、ETFに3%、また北米株（**[図表10]** では35%）にはC社の米国株投信に5%、D社の米国高配当株投信に3%などと金融商品の配分が行われます。

図表10　米ドル・バランス型ポートフォリオにおけるアセット・アロケーションの例

バランス型ポートフォリオ	SAA（注1）	TAA（注2）		投資尺度
現金（マネー・マーケット・ファンドを含む）	5%	3%		3～10%
債　　権	35%	30%		25～65%
インベストメント・グレード債			21%	
ハイ・イールド債			4%	
エマージング債			5%	
株　　式	45%	50%		30～60%
北米			35%	
欧州			6%	
イギリス			0%	
日本			2%	
エマージング・マーケット（南米・東欧・アジア）			4%	
テーマ（グローバルIT、エコロジー、石油など）			3%	
オルタナティブ	15%	17%		5～25%
ヘッジファンド			10%	
不動産			2%	
金			5%	

｜注1｜ ストラテジック・アセット・アロケーション（Strategic Asset Allocation、SAA）。
｜注2｜ タクティカル・アセット・アロケーション（Tactical Asset Allocation、TAA）。
｜出所｜ 筆者作成。

数多くの投資信託や金融商品からアドバイザリーや一任ポートフォリオの投資対象になる商品を選別するには明確な査定プロセスが必要です。銀行の規模によって担当する部署は異なりますが一般的に投資商品は「プロダクト・コミティ」、そして個別銘柄は株・債券アナリストやトレーダー、もしくはインベストメント・アドバイザーによって厳選されます。

プロダクト・コミティはIC、ポートフォリオ・マネジャー、そしてバンカーのニーズを確認したうえで商品選択を行っています。それはどんなに優秀な金融商品であっても税制や規制、またその他の理由でポートフォリオに組み入れることができないのでは意味がないからです。

投資信託を分析するときには単に競合する商品とのリスク・リターンを比較するのではなくファンドマネジャーの経験やスキル、また運用ポリシーやプロセスを確認することも重要です。インタビューや現地訪問を繰り返すことによって「ファンドマネジャーAとそのチームはマクロを重視した運用とセクター・ローテーションの予想が得意である」、また「ファンドマネジャーBは中小型成長銘柄に詳しい」など運用チームの強みや弱みを理解することやファンドマネジャーの考えと心境を確認することができます。

ファンドのサイズや設置されてからの年数に加え、コスト、流動性、投資家構成や登録地も分析基準になります。多くの場合では預り金額100億円以上、またファンドが設立されてから最低3年が合格ラインとなります。またファンドマネジャーや運用情報にスムーズにアクセスができないファンドへの投資は行わず、運用会社のカウンターパーティーリスクやオペレーションリスクの査定も定期的に行われます。

リスク・マネジャーはポートフォリオ・マネジャーの目の上のたんこぶ?!

ポートフォリオのリスクやレギュレーションの審査はリスク・マネジャーによって行われます。集中リスク（Concentration Risk）、流動性リスク（Liquidity Risk）や信用性リスク（Instrument/Issuer Specific Risk）などのモニタリングに加えてポートフォリオが投資ガイドラインを守って運用されているか常時チェックされています。

投資ガイドラインとは一任ポートフォリオの投資制限と運用ルールです。銀行によってたとえば個別の債券にはインベストメント・グレード債にしか投資してはいけない、株式は一銘柄について3％以上保有してはいけない、同じアセットマネジメント会社が運用する投資信託には最大でも10％まで（たとえば○○アセットマネジメントが運用するA投信とB投信には合計で10％まで）しか投資できないなどの投資制限を設けています。

ビスポーク運用では顧客が設定した投資制限（Investment Policy Statement）も監視の対象となり、銀行によってはポートフォリオのVaR（Value at Risk）やボラティリティなどのリスク指標もモニタリングされます。リスク尺度を超えた、もしくはガイドライン違反が発見された場合には即ポートフォリオ・マネジャーに対応が求められます。

ガイドラインを設けてリスクを管理することは重要です。しかし状況によってはポートフォリオ・マネジャーに多少のフレクシビリティーを与えることも必要だと思われます。○○プライベートバンクでは入金が確認され次第、資金は即時に投資されないといけないとルールで決められています。マーケットが不安定な状況下においても機械的に作業を執行するのではなく、場合によっては柔軟な対応を行うことを許可するべきだと私は思っています。資産は常に顧客の「顔」を思い浮かべて運用・管理するべきだからです。効率的だから、また管理や審査が「楽」だからとの理由でつくられたルールは顧客にとってメリットがありません。多くの投資制限を設けているトラディショナル運用の欠点のひとつは「コンビクション」運用ではないことです。

［図表10］の米ドル・バランス型ポートフォリオのアセット・アロケーションの右枠に投資尺度が記されています。たとえば株式の30〜60％とは、いかなるときでも株は最低でも30％は保有しないといけない、そして

最高でも60％までしか保有してはいけないと決められた投資制限のひとつです。

各アセットの配分幅を決めることによってリスクをコントロールするのが目的です。投資規制を数値化することでポートフォリオ・マネジャーやリスク・マネジャーが容易にリスクモニタリングを行えるのは効率的です。

だからといって、もし現在の金融政策・投資状況を考慮したときに債券には投資するべきではない、そのかわりに現金を保有するべきだと考えていても、この例では最低でも25％は債券に投資することが義務づけられ、現金は最高でも10％しか保有できません。どうしていいかわからないから現金を10％保有するのと、戦略的に現金を30％保有するのとでは意図・目的が異なります。過剰集中を避けることでリスクを抑えることや投資制限を設けることでリスクを管理することは重要です。

しかしアセット・クラス間の相関は以前と比べて安定的ではありません。そして世界的な金融危機が起こると、すべてのアセット・クラス（特定のヘッジファンドなど上昇した金融商品もあります）が同時に下落してしまうことも頻繁にあります。分散投資とは必ずしもアセット・クラスの分散ではなくリスクの分散です。顧客にとっては「コンサバ・コンビクション」運用が理想的ですが、残念ながらそれはビスポーク一任運用の対象となってしまいます。

D様からのお問合せ

アセット・アロケーションはどうやって決まるのか

Q：相続で親の資産を受け継いだのをきっかけに資産運用の勉強を始めました。資産運用ではアセット・アロケーションが重要だと教わりました。アセット・アロケーションの意味はわかったのですが、そのプロセスがよく理解できません。トップダウン・アプローチとは何ですか。

A：D様の資産運用の目的やリスク尺度、資産状況や家族環境、またそのほかの要因によって資産の配分は調整する必要があります。しかし投資環境自体は投資家によって異なりません。「トップダウン・アプローチ」ではまず投資環境（トップ）の分析が行われます。

政治や経済、また社会や金融環境が現在どこに向かっているか、そしてそれらがどのように資産や為替、また国や産業に影響していくのかを推測します。

たとえば「世界経済の見通しは好調であり特にアメリカでは積極的な財政政策と穏健な金融政策が期待される。インフレ懸念による市場金利の若干の上昇はあるかもしれないが当面の間は経済成長の妨げにはならないだろう。また引き続き企業による大幅なIT投資が期待される」と投資環境を想定したとします。そうすると現金の配分をニュートラル（中立）、そして債券をアンダーウェイト（基準より弱気な分配）、また株をオーバーウェイト（基準より強気の分配）にすることで株式への投資が優先されます。

そして株のなかでも利益の上方修正が最も高いだろうと予想されるアメリカのIT株や薬品関連株が優先され、逆にコロナの悪影響が今後も続くであろうと予想される航空関連株への投資は控えるべきだと判断されるかもしれません。

つまり、トップダウン・アプローチとは「大きなシナリオ」を徐々に「投資商品」にまで絞っていく手法です。

ちなみにボトムアップ・アプローチでは国や産業にかかわらず投資対象となる企業や商品のなかから優良だと思われる投資案件を選択してポートフォリオを「積み上げる」手法ですが、通常グローバルポートフォリオ（リスク分散ポートフォリオ）ではトップダウン・アプローチが適用されます。

Q：海外ではアセット・アロケーションに「オルタナ」が組み入れられることが多いと聞きました。オルタナとは何ですか。何か怪しい金融商品のように聞こえます。いままでMMFと国内の投資信託しか購入したことがないのでむずかしい商品に投資するのは不安です。投資対象としての価値はあるのでしょうか。

A：あまり聞き慣れない言葉ではありますが「オルタナ」は決して怪しい投資商品ではありません。

しかし「情報がきわめて少ない」、「過去に詐欺事故があった」、「投資内容が不透明である」、「運用成績が想定していたほど良くなかった」などオルタナ投資にはリスクが伴います。

また投資手段が複雑であることも多く、商品の説明をされてもよくわからないこともあるでしょう。

「オルタナ」とはオルタナティブ、すなわち伝統的な投資商品に「代わる」金融商品です。金や不動産、またヘッジファンドやプライベート・エクイティなど幅広い商品がオルタナのカテゴリーに入ります。

スイスのプライベートバンクでは一般的にオルタナは分散投資の一環として、伝統的資産の「リスクヘッジ」を目的にアセット・アロケーションに組まれています。

バランス・ポートフォリオでは一般的に10〜20％程度がオルタナ商品（流動性が高い商品に限ります）に投資されています。基本的に理解ができない商品に投資をするのは避けるべきですが一任運用で採用されているオルタナ商品は担当のアナリストによって厳選されています。

しかし不安であればオルタナへの配分をゼロにしてもらうことも銀行によっては可能です。

5章

プライベートバンクを実践する

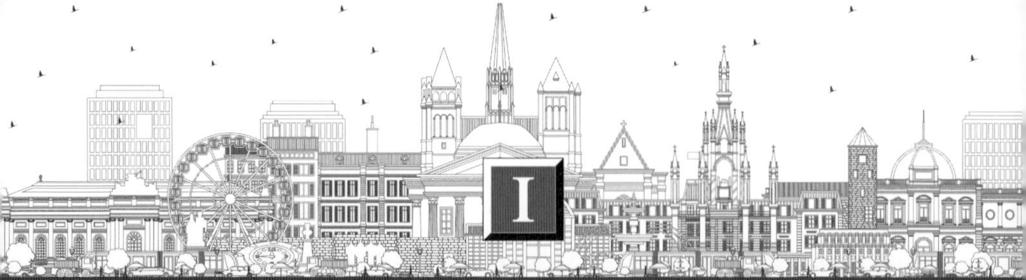

口座を開きたいのですが紹介人は必要ですか？

観光のついでに口座開設をしてきました

「実は俺、スイスの銀行に口座もっているんだよね」。○○ホテルのロビーラウンジで隣に座る客が自慢げに話しているのを聞いていたことがあります。ひと昔前までは観光でスイスを訪れた記念にと街角にある商業銀行に立ち寄り簡単な手続さえすませれば、たとえ数百万円程度の預金を預ける目的であっても気軽に口座を開設することができました。

残念ながら現在では基本的にスイス非居住者（国境沿いに住む外国人や海外に住むスイス人など、また条件によって特例はあります）はUBSやクレディ・スイスのリテール口座を開設することはできません。日本非居住者が日本の銀行で口座を保有できないのと同じです。

「資産運用と管理」を目的としたプライベートバンキング・サービスの利用を希望する顧客にはオフショア・プライベートバンキング・サービス（スイス非居住者向けのサービス）が提供されます。オフショア・プライベートバンキング・サービスは商業銀行や外資系銀行のプライベートバンキング部門、資産運用銀行、およびプライベートバンカーで提供されています。対象となる顧客の国籍や在住国、そして最低預け金額も1億～10億円などと口座開設の条件は銀行によってさまざまです。

プライベートバンクに口座を開設すると決めたら、まずは自分と家族のニーズにいちばん適したサービスを提供している銀行を見つけることが重要です。家から近いからとの理由でみずほ銀行に口座を開設するのとはわけが違います。

しかし、そうはいってもプライベートバンクに関する情報をどうやって入手すればよいのかわからない方がほとんどだと思います。そもそも、本来プライベートバンクの顧客の多くは「スイスの銀行に口座もっているんだよね」と周りに自慢することもないので、知り合いから生の情報を得ることがむずかしいのが現状です。他人に頼らず自分で口座開設にチャレンジしたいのであれば、まずは気になるプライベートバンクの概要をホームページで確認してください。

そして、そのなかのめぼしい銀行に簡単なメールで資料請求をすることをお勧めします。日本在住者が海外口座を保有することは禁止されていませんからスイスのプライベートバンクに連絡することは決してやましいことではありません。

「I am Japanese and my name is XXXXXX. I am interested to open an account with you. Could you please send me your presentation materials and related documents?」

銀行によっては日本在住者のリクエストには対応してはいけないと社内ルールで決まっているため、情報提供を拒まれるかもしれません。また「当行では日本在住の顧客にはサービスを提供していません」と返事が来るかもしれません。

しかし丁寧なメッセージと銀行説明資料が届くこともあります。もしさらに詳しい情報を入手したいのであれば自己紹介と自分のニーズを簡単に説明したメールを送り、電話会議や対面会議をリクエストしてください。

バンカーは素性がわからない飛込み客との面談には慎重です。プライベートバンク選びにはバンカーとの相性に加えて銀行の経営状況と経営方針、サービス内容や商品の充実性、さらに手数料構成を確認することが重要です。大手プライベートバンクはブランド力も高く安心を重視する方にはお勧めです。しかしサービスの柔軟性やバンカーとの人間関係を優先するのであれば小規模のプライベートバンクのほうが利用しやすいかもしれません。

私が本当にお勧めできるのはプライベートバンキングに特化した数行です。ビジネス的なニーズがあってどうしても投資銀行機能が必要な場合を除いては規模やネーム・バリューで銀行を選ぶのは避けるべきです。一部のプライベートバンクではミーティングや口座開設作業を手紙や電話、またテレビ会議で行うことができるためスイスを訪問する必要はありません。

しかし観光のついででもよいので、長いお付き合いが前提となるプライベートバンクとバンカーを一度は訪問してください。

紹介人？　仲介業者？　それとも……？

プライベートバンクの新規客は既存客の家族や友人、またビジネスパートナー、もしくは弁護士事務所や会計・税務事務所からの紹介が多いのはいうまでもありません。軽率な営業行為やクロスボーダールールを無視した顧客勧誘は銀行のレピュテーション・リスクやリーガルリスクを高めてしまいます。そのため、オフショアを担当するバンカーには積極的な営業活動は許されていません。

プライベートバンクは「一見様」を相手にしないとのイメージが強いようです。しかしそれは決して「お高くとまっている」からではありません。素性がわからない方と面談することはバンカーにとってビジネスチャンスである以上にコンプライアンス・リスクが伴います。

新規客を装って銀行を訪れた外国人新聞記者による隠し撮り動画がテレビで流されて大問題になったこともあります。信頼ができる方からの紹介だからこそバンカーは安心して初対面の顧客と面談に臨むことができるのです。

バンカーには条件を満たしている顧客の口座開設を断る理由はありません。あてもないプライベートバンクに連絡をして面談を申し込むことに不安があるかもしれませんが、プライベートバンクの口座開設には必ずしも友人や仲介業者からの紹介は必要ありません。

同僚のVIP顧客もまさしく「飛込み客」の一人でした。担当バンカーと大喧嘩して○○銀行を飛び出した直後に、たまたま向かいにあったわれわれの銀行に飛び込んだそうです。幸いなことにファッション界の超大物である彼の身元確認には時間がかからなかったため、バンカーも安心して相談に乗ることができました。

いまではさすがに事前の打合せもなく観光のついでに突然銀行を訪れて口座開設を要求するのはむずかしくなりました。しかし、すべての条件・規定をクリアし、さらにバンカーとしっかりとコミュニケーションがとれる顧客であればたとえ紹介がなくても口座開設のハードルは決して高くありません。とはいっても英語が苦手な方にとってはバンカーと円滑なコミュニケーションをとるのがむずかしいのが現状ではないでしょうか。

お金の話は「だいたい理解できました」ではいけません。日本人は外国人に遠慮してしまい意見や意思を伝えるのを控える傾向があります。バンカーとしっかりとコミュニケーションをとることは、長い付き合いが大前提のプライベートバンキングでは重要です。わずかにはなってしまいましたがスイスにも日本語を話すバンカーはいます。また香港やシンガポールに駐在する日本人バンカーを担当者にしたまま口座をスイスの本社で管理することもプライベートバンクによっては可能です。

クロスボーダールールがまだそれほど厳しくなかった時代にはバンカーは多くの仲介業者とビジネス・イントロデューサー契約を結び顧客の紹介を得ていました。なかにはうさんくさい業者もいますが、基本的に仲介人は金融・資産運用のプロや富裕層ビジネスにかかわる専門家が大半です。

一般的に仲介人は顧客を紹介するだけで口座開設後の顧客サポートは行いません。ビジネス・イントロデューサー契約の条件は銀行によって多少異なりますが、大抵の場合は顧客から得た収入の○%が毎年仲介業者に支払われていました。現在ではレギュレーション・リスクを避けるために大半のプライベートバンクではオフショアの仲介業者とのビジネス・イントロデューサー契約を解除しています。

その結果、仲介業者が紹介できるプライベートバンクはいまでは非常に限られています。自分はどうしても○○プライベートバンクに口座をつくりたいけれど仲介業者が勧める銀行のリストには載っていない、またバンカーとやりとりするうえで不安がある、そのような場合にはウェルス・アドバイザーと顧問契約を結ぶことが可能です。

ウェルス・アドバイザーは口座開設の手続に限らず、その後のサポートを任されます。銀行手数料の交渉に始まり、資産の運用・管理が約束どおり行われているかを確認、また顧客に同行してバンカーを訪問することやプライベートバンクの経営状態のモニタリングを任されます。銀行から手数料をキックバックされることはないので、常に顧客サイドに立ったサービスが提供されるのが魅力的です。

プライベートバンク、そして顧客の双方から手数料を得ている仲介業者や金融業者には注意が必要です。

Ⅱ

口座開設条件を教えます――口座開設が可能な人、可能ではない人

「お客様はなぜ当行で口座開設を希望されるのですか。口座の利用目的を具体的に教えてください」。こんな失礼な質問がいまでは当たり前になってしまいました。

単に口座開設をリクエストしただけなのにコンプライアンス・オフィサーの容赦ない「尋問」にいかにも犯罪者のように扱われたと激怒する顧客も少なくありません。しかしリスクが高い顧客に口座を提供することはレピュテーション・リスクにとどまらず、銀行の存続にもかかわる最悪の事態を招くことがあることは3章でも述べました。

プライベートバンクが顧客を選ぶ主な基準は顧客の「信用性」、「居住地」、そして「預り金額、収益率」です。要するに「身元と資産状況、そして資産構成」が明確であり「銀行のターゲット国」に在住している、そして「収益の見込み」がある顧客が対象です。

顧客のバックグラウンドと資金の正当性を確認する作業はバンカーに任された最も重要な仕事のひとつです。「これは私が稼いだ、私のお金だ！　信じてくれ！」とかたくなに主張をしても、資産構成に関する具体的な説明とそれらを裏付ける資料が提出されなければバンカーの判断で口座開設を断られてしまうこともあります。

また顧客の身内やビジネスパートナーにレピュテーション・リスクやレギュレーション・リスクがあるとみなされると口座の開設を拒否されてしまうこともあります。たとえば経済犯罪で有罪判決を受けた父親をもつビジネスオーナーの場合、自分の資産、またビジネスの資金源がもともと父親の資金ではないことを証明する必要があります。顧客の信用性はどの銀行でも妥協されることがない口座開設の最低条件です。

その一方で居住地と預り金額にかかわる条件は銀行によって大きく異なります。南米やアフリカに在住する顧客をターゲットにしているプライベートバンクもあればスイスや欧州顧客に特化したプライベートバンクもあります。営業戦略はプライベートバンクの成立ちや規模によってさまざまだからです。クロスボーダー規制が厳しくなる前までは顧客の在住地などは大した問題ではありませんでした。

しかし規制が厳しくなった現在では営業地域を厳選し、その地域のルールを厳守することで法律上のトラブルや事故を防いでいます。最低預り金額は大手のプライベートバンクになるほど高く設定されており、また年々上昇している傾向が見受けられます。口座開設の申請を要求したけれど預け金額が少ないため審査を受けることもなく断られてしまったと不快な思いをされた方もいるのではないかと思います。

当然ですが顧客は自分のニーズに最適な商品やサービスを提供してくれる金融機関を選ぶ権利があります。しかし同じようにプライベートバンクにも顧客を選ぶ権利があるのです。一流のサービスを継続的に提供し、充実したインフラを維持していくためには最低限の収益が見込める顧客だけに営業資源を集中する必要があるからです。すべての口座開設条件を満たしている顧客であっても、バンカーの主観的な判断で長期のお付き合いが厳しいと思われる顧客には口座開設を拒否されることもまれにあります。

「信用性」、「居住地」、そして「最低預り金額」については次項で詳しく説明していきます。

社会的信用度――「ゴルゴ13は社会的信用力が高かった?!」

レピュテーション・リスク・マネジメントやリーガルリスク・マネジメントは銀行経営における最重要事項のひとつになりました。銀行とその顧客を守るためには万全の危機管理体制の構築が必要です。やましい顧客や資金を受け入れていた事実が公になり廃業に追い込まれてしまうこともあるからです。

ファルコン・プライベートバンクのシンガポール支店は1MDB事件（マレーシア政府系投資会社1マレーシア・デベロップメント事件）をめぐるマネーローンダリング行為に深く関与した罪でシンガポール金融庁から銀行免許の取消処分を命じられました。

監督責任を怠ったとしてFINMAより厳重注意を受けたファルコン・スイス本社はコンプライアンス体制の強化、また事業の立て直しに取り組みました。しかし金融業界では一度失った信用を取り戻すのはきわめて困難です。そして経営陣の努力も虚しくプライベートバンキング業務の売却を余儀なくされる事態に陥ってしまいます。ビジネスほしさに犯罪行為に加担することや意図的な資料改ざん行為は今日に始まったことではありません。

しかし、AEOI制度の導入や業務の透明性が求められる現代において違反行為を隠すのはほぼ不可能です。マレーシア裁判所は1MDB事件の首謀者の一人として元首相のナジブ・ラザクに禁錮12年の有罪判決を下しています。現在スイスのプライベートバンクで行われている身元審査はリーマン・ショック前とは比べものにならないほど厳しくなりました。犯罪者や社会的信用性が低いとみなされた個人や法人、また不透明な資産形成、さらに過去に行われた金融取引の正当性にたとえわずかでも疑いがあると口座開設は却下されてしまいます。

逆にいえば銀行が必要とする個人情報や書類を隠すことなく提供し、また資産の出所を明確に説明できれば決して口座開設を拒否されはしません。身元審査で要求される情報は顧客の経歴（共同口座の場合はすべての権利者の情報）、家族構成、資産状況と資産形成の過程、現在の収入、取引銀行名、そして入金・送金予定を含めた口座開設の目的です。

また経営者兼、筆頭株主の場合には会社情報の提出を要求されることもあります。たとえば年収が数百万円程度なのに資産は数十億円あるという方は一見「疑わしい」と思われてしまうかもしれません。

しかし相続や企業売却、また過去の収入など、資産形成の証明ができる書類さえ提示すればKYC審査は問題なく通過します。

「60年前に祖母が土地を売却したときの契約書だって、そんなのもうとっくにないよ！　相続資料があればこのお金は自分のものだと証明できるじゃないか！」。国によっては書類自体が存在しない場合や災害やその他の事情で書類を紛失してしまうこともあるでしょう。状況に応じて柔軟に対応する銀行もあれば、要求した資料を提出できなかったと口座開設を断られてしまうこともあります。

PEP（Politicaly Exposed Person。政治家や政治団体、NGOやその他協会の権力者たち）口座の審査はとりわけ厳重に行われます。PEP口座自体は法律で禁止されていません。しかし公的立場にあり政治的、また社会的な影響力のある顧客の口座には特別な管理体制と監視義務が生じます。そのため、多くのプライベートバンクではリスクがきわめて高いと判断したPEP口座の開設を断っています。そして多くのバンカーは彼らと付き合うこと自体避けています。

職業、また経営する会社の業種も審査の対象になる事項のひとつです。資金の出所や流れが不透明である、また銀行のレピュテーションに悪影響を及ぼす可能性が高いと判断された業種はハイリスクに指定されています。そのなかにはたとえばギャンブル、麻薬、風俗、武器売買、商品取引、アートにかかわる業種があげられています。しかし、たとえハイリスク業種であってもビジネスの正当性が確認されれば口座の開設は認められます。

多くの銀行はコンプライアンス体制の強化を図り「犯罪」にかかわってい

ると思われる人間、不正金融取引、またマネーローンダリングを排除するために最大限の努力を図っています。ゴルゴ13はもはやスイスに口座をもつことはできません。

居住地――「われわれの銀行では日本からの顧客は受け入れていません」

残念ながら現在では日本在住の顧客を受け入れているプライベートバンクは少なくなってしまいました。それは日本の規制が厳しいためクロスボーダーリスクが高いと判断されているからです。

ごく最近までは口座開設を希望する顧客の国籍や居住地に制限を設けることはありませんでした。しかしクロスボーダーレギュレーションが一段と厳しくなった現在、世界中の顧客を対象に営業活動を行うのは銀行にとって非常に危険です。金融規制を守らず違反行為を繰り返したと外国政府から莫大な罰金を科されたり、オペレーションやレギュレーション、またリスク管理が機能していないと業務改善命令を強いられたりする脅威があるからです。

口座開設時に行われる身元審査では顧客の国籍ではなく基本的に「居住地」が審査の焦点になります。フランスに住んでいるイタリア人にはフランスの金融規制が、そしてスペインに住むドイツ人にはスペインの金融規制が適用されるからです。そのため日本に住む顧客を対象としていないプライベートバンクもフランスに住んでいる日本人にはサービスを提供しています。

一方でアメリカ人は居住地にかかわらずSEC登録がない金融機関での口座開設は非常に厳しい状況です。プライベートバンクはビジネスの対象となる国ごとに「カントリー・マニュアル」を設けています。カントリー・マニュアルとはオフショアに在住する顧客や見込み客に対して提供することが許されたサービスを記した社内ルールです。

バンカーの営業活動・行為もカントリー・マニュアルによって規制されて

います。日本に住む顧客へのサービス内容には「ジャパン・カントリー・マニュアル」が適用され、オーストラリアに住む顧客に対しての営業活動は「オーストラリア・カントリー・マニュアル」によって規制されています。

たとえば〇〇・カントリー・マニュアルには、「顧客に電話やメールで連絡することや、〇〇国を訪問してミーティングを行うことは許可されているが、金融商品の推奨や投資アドバイスを行ってはいけない」、また「一任運用サービスや有価証券ローンを提供してはいけない」などと具体的な規定が細かく記載されています。

カントリー・マニュアルが厳しすぎると提供できるサービスに大きな制限がかかってしまい顧客は充実した投資アドバイスを受けることができません。また、ルールを守らないバンカーには重い処分が下されてしまいます。

銀行によって名称は異なりますが、多くの場合、顧客の居住地は「グリーン・戦略的な市場」、「イエロー・非戦略的な市場」、「レッド・撤退する市場」の3つのカテゴリーに分類されています。

グリーン国

レギュレーション・リスクをきわめて低く保つことができると判断された国々です。グリーン国は既存客も多く今後も積極的な営業活動を行っていくと決められたマーケットです。

銀行にとって戦略的に、そして収益面でも重要なマーケットです。専属のリーガル・オフィサーが常時クロスボーダー規制をモニタリングすることによって事故防止に努めています。

イエロー国

既存客は多少いるけれど戦略的に重要ではない、またはレギュレーション・リスクをコントロールするのがむずかしいと判断された国々です。そのため既存の口座は維持するけれど積極的な営業活動はしない、もしくは新規顧客の口座開設は行わないと決められたマーケットです。銀行によってはバンカーがイエロー国を訪問することが禁止されています。

レッド国

ビジネスリスク、レギュレーション・リスクまたレピュテーション・リスクがきわめて高い、もしくはその国の顧客に対応するためのインフラやオペレーション機能を整えることがきわめて困難、またビジネス的に魅力がないと判断されたマーケットです。

レッド国に分類されてしまうと新規に口座を開設することはできません。さらに既存の口座も強制的に閉鎖されてしまいます。

経営陣とリーガル・オフィサーはこれらのマーケット・カテゴリーを定期的に見直すことで事業戦略と危機管理を行っています。多くのプライベートバンクでは欧州の主要国をグリーン国に選別しています。しかしビジネス的に魅力的ではないとの理由で、イエロー国、またはレッド国に格下げされるケースもあります。

そして、国際的信用は高いけれど金融規制が厳しいとの理由から、日本をイエロー国、またはレッド国に位置づけるプライベートバンクが多いのが現状です。日本は、レギュレーション・リスクが高い割には収益性が低くてビジネスとして成り立たないと判断されているからです。しかし日本在住者向けに口座開設を行っているスイスの優良銀行も、まだ存在しているので安心してください。

その一方で、政治的リスクやレピュテーション・リスクが多少高くても、ビジネスチャンスが大きいブラジル、ロシアや中国をグリーン国やイエロー国に指定しているプライベートバンクも多くあります。銀行の経営戦略において営業活動を行う国・行わない国の選別は非常に重要な決断となります。

最低預り金額――「プライベートバンクは公共機関ではありません」

「なぜ口座開設を断られるの?!　私が大資産家ではないから差別しているの?!」

口座の管理には顧客の想像をはるかに上回る労力と費用がかかっています。銀行によっては1億円ほどの口座から得る収益ではオペレーションコストでさえ補うことができません。そのため多くのプライベートバンクでは最低預り金額を設けることで対象客の選別を行っています。

銀行の規模や経営方針によって最低預け金額は異なりますが一般的には100万ドルから500万ドル、そして超富裕層の顧客に特化したプライベートバンクでは1,000万ドルの入金が必要になります。通常では口座開設から1年以内に最低預り金額の入金が求められています。

もし期限が過ぎても入金が確認されない場合には強制的に口座を閉鎖されてしまったり、追加の口座管理費の負担（銀行によっては最低金額を預けていれば免除されることもあります）を要求されたりする場合もあります。銀行は運用資産を殖やし利益をあげるのが目的であって顧客の数を増やすことではありません。その結果、総資産が何百億～何千億円あろうと最低預り金額を満たしていない顧客の口座は閉鎖されてしまうことも少なくはありません。

「俺をだれだと思っているんだ。俺の総資産は○○億円だぞ」と口座閉鎖を要求した顧客に怒鳴られてしまうかもしれません。しかし銀行にしてみれば大事な顧客ではありません。また現金をプールするだけの口座の利用は大概の場合では断られてしまいます。○○万円相当の現金を運用もせずに10年間預かっていても銀行にとっては利益どころか赤字の垂れ流しです。

プライベートバンクは商業銀行のように顧客から預かった資金を企業に融資することで利益をあげているわけではないからです。

100万ドルを用意することができなくてもスイスのプライベートバンクを利用して資産運用を行うには主に2つの方法があります。1つ目は最低預り金額を設けていないプライベートバンクを利用することです。わずかではありますが30万ドルほどの入金でも口座開設が可能なプライベートバンクはまだ数行存在します。このようなプライベートバンクではインフラやサービスに十分な投資を行っていません。そのため充実した商品やテーラーメイド・サービスは期待できませんが、スイスで銀行口座をもつこと自体が目的なのであればいちばんの解決手段かもしれません。

また通常では1人のバンカーが担当できる顧客は数十人、多くても100人程度ですが、小口の顧客を担当するバンカーは1人で数百口座を管理しているケースもあります。その結果、顧客一人ひとりのニーズに親身に対応するのは不可能です。バンカーとうまくコミュニケーションがとれないとの理由でせっかく開設した口座を数カ月後には解約してしまう顧客も多いようです。さらに将来的に最低預り金額を変更する可能性もあるので、そうしたリスクは考慮してください。

2つ目の方法はスイスの投資顧問会社を通してプライベートバンクに口座の開設を行うことです。最低運用金額を高く設定している投資顧問会社もありますが、彼らの多くは比較的柔軟に顧客対応をしています。プライベートバンクと比べてオペレーションコストが低いからです。そのため50万ドルほどの金額では絶対に口座を開設することができない一流のプライベートバンクのプラットフォームを利用して資産運用を行うことが可能です。

分散投資がむずかしいとの理由で金額によってはアセット・アロケーション・ファンドを勧められることもあります。投資顧問会社は複数のプライベートバンクとカストディアン契約をしているため顧客のニーズや状況にいちばん適したプライベートバンクを紹介できるのも大きなメリットです。投資顧問会社にはプライベートバンクのようなネーム・バリューがないのでブランドにこだわる顧客には向いていないかもしれません。

なお、これについては次章の「1億円？　なくてもスイスで資産運用は可能です」でさらに詳しく説明します。

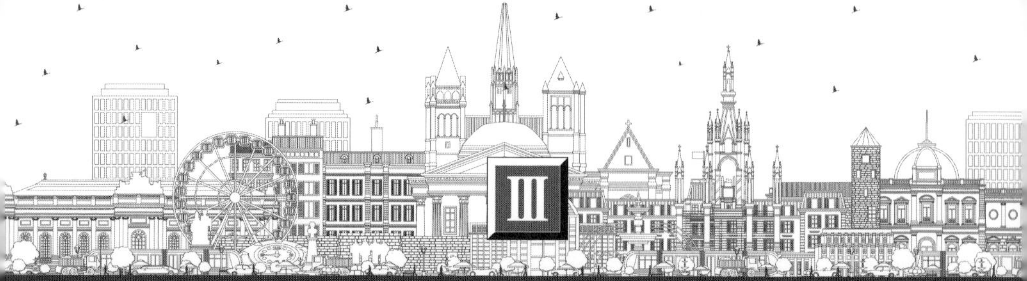

III 口座を開設してみよう

口座開設のプロセスを教えます！

口座開設のプロセスは一般的に以下の手順で行われます。

1. バンカーと面談。個人情報、資産構成、そして参考資料の提示
2. 口座開設契約書にサイン（顧客、そして必要があれば代理人）
3. バンカーによる社内書類や口座開設申請書の作成
4. オペレーション部門による口座開設書類の確認
5. コンプライアンス部門による身元確認審査、資産の出所の確認
6. 口座開設手続完了

1の「個人情報、資産構成、そして参考資料の提示」では申請資料の収集に時間や手間がかかってしまいますが、作業そのものは非常にシンプルです。できる限り詳しい経歴書に加えて資産形成にかかわる情報（収入と資産状況）や資料（相続、また会社・不動産の売却の際の契約書など）を提出すればバンカーがKYC資料を作成します。

家族構成やそのほかに重要と思われる情報（たとえば身内に政治家がいる、近いうちに相続が発生する可能性があるなど）を伝えることも忘れないでください。

通常では身元確認や手続のためにスイスを訪問する必要がありますが、銀行によっては一連の作業を電話、オンライン会議や手紙のやりとりで行うことも可能です。

2の「口座開設契約書にサイン」ではGeneral Conditionsと銀行のサービス・商品に関する資料にサインが求められます。とてつもない枚数の資料に目を通す必要があります。

General Conditionsでは銀行のサービスや商品、また業務内容に関する規定や注意事項が説明されています。そして、個人情報を記入する書類、FATCAやAEOIなど税務に関する書類、金融商品やサービスの利用に関する書類にもサインが求められます。

またクレジットカードやロンバー・ローン、また信託預金、デリバティブ取引やヘッジファンド、プライベート・エクイティへの投資を希望するのであれば各契約書にサインをする必要があります。もし口座に代理人をつけたい場合には代理人の身元確認書も用意してください。

加えて現在では顧客の一般的な金融知識を確認するためのアンケート用紙への記入も義務化されています。銀行は顧客のリスクプロファイルを管理する必要があるからです。口座開設が完了した後にも、定期的に情報・書類の更新が求められます。法人の口座開設では法人の登録地や法人の種類（事業法人、上場会社、資産運用会社、財団など）により必要な書類は違ってきます。一般的には法人とその代表者の情報、そして登記簿（さらに日本だと印鑑証明書）など企業情報の確認がとれる資料の提示が必要になります。企業の具体的な事業活動内容、また上場企業に関してはアニュアルレポートの提出が要求されます。

3～5では1と2で得た情報をもとにバンカー、コンプライアンス・オフィサー、そして資料監査部による顧客資料の作成と審議が行われます。追加の情報が求められることもしばしばありますが、KYCと口座開設の資料のサインに問題がなければ2～4週間程度で口座は開設されます。ちなみに香港やシンガポールでは銀行によっては最低でも2カ月はかかるようです。

代理人契約——だれに権利を与えるかはじっくり考えてから

「主人はいったい私にいくら隠しているの?!　私には知る権利があるわ！」。

このような問合せにもバンカーはお答えすることが許されていません。脱税行為は犯罪ですが、奥様に貯金を隠すことは犯罪ではないからです。たとえ家族であっても代理人権が与えられていない奥様には口座の存在ですらお伝えすることができないのです。

顧客は家族や友人、そのほかに信用ができる人であればどなたでも口座の代理人に任命できます。非常時に備えて家族と口座情報を共有しておきたいから、また顧問会計士が口座の情報を定期的に確認することができるようにと代理人を指定するなど、理由は人それぞれです。

銀行が用意する代理人契約（Power of Attorney、PoA）は主に3種類あります。

全権代理人

全権代理人には間違っても「信用できるコンサルタント」を任命しないでください。全権代理人には口座権利者とほぼ同様の権利（銀行によっては口座の閉鎖指示はできません）が与えられます。口座にアクセスすることに加え、権利者にかわって現金の引出しや送金指示、また投資のオーダーを出すこともできます。

全権代理人はあくまでも代理人であって口座の権利者ではありません。しかし家族の一員、また全員を代理人にすることによって口座情報や運用状況の共有が行えます。なお、相続が発生した際に代理人が自動的に口座を引き継ぐことはできませんのでご注意ください。

リミテッド代理人

リミテッド代理人（Limited Power of Attorney、もしくはRight to Information

と呼ばれています）は口座の情報にアクセスする権利を与えられていますが権利者にかわって銀行に指示を出すことはできません。

銀行に口座情報の提示を要求することができる権利です。家族に加えて顧問弁護士や会計士・税理士、また金融アドバイザーがリミテッド代理人になるケースが多いです。

運用代理人

顧客は一任運用契約（またアドバイザリー契約）を結んだ投資顧問会社に運用代理人権を与えます。すると投資顧問会社は顧客にかわって運用にかかわる指示を銀行（カストディアンバンク）に出す権利が与えられます。送金や支払の指示、また現金の引下ろしはリミテッド代理人と同じく運用代理人は行えません。

しかし運用にかかわるすべてのオーダーは投資顧問会社が管理します。それは顧客が運用を任された投資顧問会社に知らせずにオーダーを出すのを避けるためです。顧客の投資判断で金融商品を売買する場合には投資顧問会社を経由してカストディアンバンクにオーダーを出すことが求められます。

バンカーとはどんな人？　いったい何をしてくれるの？

いままでに香港やシンガポール、またモナコや日本で多くのプライベートバンクを訪問してきました。そしてたくさんのバンカーと交流する機会を得てきました。スイスのバンカーはニューヨークのウォールストリートや東京の丸の内で働くインベストメント・バンカーのように選ばれたエリートではありません。またハングリー精神に溢れた証券マンでもありません。海外出身のバンカーには名家の御曹司や令嬢も多少います。しかし多くのバンカーはプライベートバンキングとは縁もゆかりもない一般家庭で生まれ育ち、高校・大学の卒業とともに必然的に銀行に就職するスイス人、スイスに住む外国人たちです。

「なぜスイスのプライベートバンキング・ビジネスがこれほど成功したのか」と問われると、私は「それは素朴で純粋、そして国際性が豊かなバンカーたちが顧客一人ひとりに本心で向き合ってきたからです」と答えています。むろん、「スイスの黒い過去」や「資産運用のノウハウ」もスイスでプライベートバンキングが発展した理由であることは付け加えたうえで。

プライベートバンキング業務は主にフロントオフィス、ミドルオフィス、バックオフィスに分けられています。ひと言でいえばフロントオフィスはバンカーや投資アドバイザーのように顧客にかかわる営業部門、ミドルオフィスはリスク管理などを含め営業のサポートをする部門、バックオフィスは商品、送金、ローンの決済、また事務処理を行う部門です。

3つの部門がスムーズに連結することで顧客には最適なサービスが提供され、その顧客満足度が銀行の収益につながっています。大学卒業者は通常フロントやミドルオフィスに配置されます。そしてアシスタント・バンカーやジュニアポートフォリオ・マネジャー、またインベストメント・アドバイザーやビジネス・マネジャー、さらにリスク・マネジャーやコンプライアンス・オフィサーとして仕事を習得していきます。

アプレンティシップ生はミドルやバックオフィスで3年間の職業訓練を終えた後、配属部署でさらなる経験を積んでいきます。大卒ではなくてもその後のキャリアに決して不利ではないのがスイスカルチャーの特徴のひとつです。金融ノウハウを若いうちから習得し、豊富な人脈をつくりあげたアプレンティシップ生のなかにはマネジメント職につく人も少なくありません。さらには大手銀行の重役やプライベートバンカーのパートナーにまでのぼり詰める人もいます。

UBSやクレディ・スイス、またライファイゼン・スイスや州立銀行はアプレンティシップ教育（職業教育・訓練プログラム）に力を入れてきました。そしてバンカーの育成に多大な貢献をしてきました。通常バンカーになるためにはアシスタントとしてシニアバンカーに仕えプライベートバンキングのイロハを習得します。大手銀行ではシニアバンカーが退職するタイミングでバンカーに任命され顧客を引き継ぎます。

ひと昔前まではバンカーには専属のアシスタントがつくのが当たり前でした。しかしIT化が進んだ現在ではコスト削減を理由に、1人のアシスタントが2～3人のバンカーを担当します。アシスタントは日々のオペレーション作業に加え、バンカーの不在時には顧客のリクエストや質問にも対応ができる知識と能力が必要とされています。顧客から受けたオーダーの入力や送金、また顧客資料の確認と報告書の移送、さらにバンカーのスケジュール管理や顧客への対応など多岐にわたる業務のサポートが任されます。

バンカーは時にはアシスタント、時にはアドバイザー、また時には執事として顧客の資産とプライバシーを守ることが求められます。大手銀行のバンカーたちは顧客の引継ぎが多く長く在籍するほど必然的に顧客も増えるためバンカーの優秀さは預り資産の大きさで測ることはできません。彼らの営業スキルは決して高くはありませんが、幅広い商品やサービスを効率よく顧客に提供する能力は非常に優れています。

その一方で看板をもたない小規模銀行のバンカーには企業家精神が求められ、高い営業力と金融商品に関する知識が必然となります。それが本来のバンカーの姿ではあるのですが。

プライベートバンクでは社内教育を義務化することで金融業界を取り巻くレギュレーションやオペレーションリスクの情報を継続的にアップデートしています。また大手銀行ではバンカーにCWMA（Certified Wealth Management Advisor、認定金融アドバイザー）資格を取得させることで商品や接客、またレギュレーションの知識を習得させています。

一般的にシニアバンカーは200億～1,000億円相当の顧客資産を管理しています。しかし担当する顧客の数はマーケット（国・地域また華僑・在外インド人など）やセグメント（客層）によって大きく異なります。

たとえば「マス富裕層」は預り資産が1億円から3億円相当の顧客、「富裕層」は預り資産3億円以上の顧客、そして「超富裕層」は預り資産が50億円以上、もしくは総資産が200億円以上の顧客が対象となります。

また、「フランス・ベルギー在住のマス富裕層」、また「中近東の超富裕層」など明確なマーケットとセグメンテーションが行われます。セグメントごとに専属のチームや担当者を設けることで専門的なサービスを効率的に提供するのが目的です。銀行の規模によってマーケットやセグメンテーションは厳密化されていませんが、オペレーションやリスクマネジメント体制の強化を目的に金融当局からは推奨がされています。

資産運用に関する根本的なニーズはマス富裕層も超富裕層も同じです。しかし銀行が提供する商品やサービス内容には多少の差があります。超富裕層にはテーラーメイドの運用やヘッジファンド、PEファンドなどの商品に加え、事業・資産承継、リロケーション（移住にかかわるアドバイス）や慈善事業など包括的なサービスが必要とされています。

そのため、超富裕層を担当するバンカーには商品の知識だけではなくウェルスプランニングのスキルや多方面の人脈が必要とされています。そして彼らは時には顧客の秘書・アシスタントのように事務的作業も行い、少数の顧客・ファミリーにフルアテンド・サービスを提供します。

一方でマス富裕層に対しては「俺の執事」というほどのサービスは提供されません。期待していた待遇と違うと嘆く顧客も多くいますが、大口顧客と同等のサービスを提供することができないのは仕方がないことです。

手数料――「運用・管理手数料は年間1.5～2%前後が目安」

手数料体系は非常に複雑であり、またプライベートバンクによって大きく異なります。多大な労力が要るウェルスプランニングの案件を除いては通常ライフスタイルにかかわるサポートには手数料は発生しません。業者（弁護士やノータリー、またその他のサービスプロバイダー）やその他の実費は当然ながら顧客の負担となります。プライベートバンクの金融サービスの手数料には大きく分けて4種類あります。

口座管理手数料

昔は口座管理費をチャージすることはあまりありませんでした。しかし、いまでは多くのプライベートバンクが口座のメンテナンス費を顧客に負担させています。一定の口座残高をキープしていれば費用を免除されることもありますが、一般的には年間1,000から3,500スイス・フランがチャージされます。口座管理手数料にはeBankingの利用費、報告書の送料、税務報告書（Tax Statement）の作成などの費用も含まれることもあります。

バンキング・サービス手数料

主な手数料は送金手数料、移管手数料、為替手数料、ローン手数料、クレジットカード手数料、金庫手数料、口座閉鎖手数料です。スイス・フラン以外の外貨で現金を引き出すには0.5%から1%の「アジオ」手数料（外貨の売買、輸送、また管理にかかる費用）がチャージされます。

信託手数料（Custody Fee）

株・債券・投資信託・金地金の保管・管理にかかわる手数料です。保管、配当金や利子の受取り、またコーポーレートアクション（株式の分割や併合・第三者割当増資など）の手続などにかかわるサービス手数料です。現金と信託預金を除いた金融資産残高の0.25～0.5%が四半期ごとに徴収されます。たとえば○○銀行では500万ドルの債券・株・投資信託のポートフォリオに年間1万ドル（0.25%）の信託手数料が発生します。

投資・運用関連手数料

信託預金手数料、売買手数料、一任運用手数料、アドバイザリー手数料など投資や運用にかかわる手数料です。

信託預金手数料は金額によって0.1～0.5%、そして預金の引下ろし・預入れのつどに少額の手数料を徴収されることもあります。

売買手数料は債券・株・投資信託などの売買金額によって0.3〜1.5%の手数料がかかります。そしてブローカー費用（証券会社に支払う費用）と税金は顧客負担となります。銀行によってはブローカー費用が売買手数料に含まれている場合もあります。

一任運用契約とアドバイザリー契約には主に二通りの手数料体系があります。銀行によってはどちらかの手数料体系を顧客自身で選択することが可能です。

1つ目は売買手数料、信託手数料そして一任運用契約・アドバイザリー契約（契約手数料。“マンデート・フィー”）をそれぞれ別々に徴収する方法です。マンデート・フィーはポートフォリオの残高やリスクプロファイルによって年間0.5〜1%です。一般的にリスクプロファイルが高くなるにつれてフィーは高くなります。

2つ目はオールイン・フィー（フラット・フィーとも呼ばれています）です。オールイン・フィーには一般的に売買手数料、信託手数料、そしてマンデート・フィーが含まれています。金融商品の売買回数にかかわらず、預り残高に対して年間1〜2%の手数料が徴収されます。

銀行によっては口座管理手数料が含まれていたり、逆に信託手数料が含まれていなかったりと、まちまちです。そのため、何が含まれていて何が含まれていないかを確認することが重要です。

顧客にとってオールイン・フィーはおよその年間手数料が事前に把握できるのがメリットです。またポートフォリオ・マネジャーにとっても売買手数料を気にすることなく必要に応じて商品の売買を行えるメリットがあります。

E様からのお問合せ
口座の解約とその後の対応

Q：先日スイスの銀行から私の口座を閉めてほしいと連絡がありました。日本人の顧客に対するサービスを終了すると告げられました。正直バンカーの説明には納得がいっていません。

さらに強制的に口座解約をされるのにもかかわらず口座解約手数料がかかるといわれ困っています。30万円近い手数料は絶対に払わないといけないのでしょうか。

A：口座閉鎖の手続には多大な労力がかかります。そのためプライベートバンクによってはその費用を顧客にも負担していただいています。

しかし今回のケースでは銀行の一方的な都合で口座閉鎖を要求されているわけですから口座閉鎖手数料の免除、さらに移管にかかる費用を銀行に負担してもらうよう交渉するべきです。

口座閉鎖は○○年○○月までにと伝えられていると思いますが、通常では口座閉鎖の指示書を送るのが多少遅れても問題はありません。

もし別のプライベートバンクに口座を新設して資産を移管する場合には手続が終了次第、口座閉鎖指示書を送ると伝えておくと何度もリマインドのメールが届くこともないでしょう。

口座開設には最低でも1カ月はかかります。

もちろんビジネスのサイズ（預り金額、口座の収益率）にもよりますが、通常では新規の顧客に手数料をディスカウントすることはありません。しかし今回の口座開設の理由を説明して新銀行では口座閉鎖手数料の免除を事前に約束することをお勧めいたします。

Q：実はこの機会に資産を日本に戻そうかと考えています。スイスの銀行でお任せしている運用自体には満足していました。日本で同様の運用やサービスを提供している金融機関はあるのでしょうか。証券会社等のプライベートバンキング・サービスは避けたいと思っています。

A：お客様がスイスで資産運用を始められた目的、また現在のニーズをお聞きする必要があるのでご質問に即答することは控えさせていただきます。お客様の総合的な資産状況や家族状況によっても答えは異なってくるでしょう。

しかし日本にも顧客目線で堅実な資産運用を行っている独立系投資顧問会社は存在します。またリスク管理と分散投資を強みとしたスイス的アプローチの運用を提供している資産運用会社もあります。基本的に日本では金融商品のラインアップに制限があるため、運用に関してはご期待に100％応えることはできないかもしれません。

しかしその半面、相続税対策や不動産投資、また事業・資産承継に関するアドバイスなどスイスでは提供されないサービスを受けることができるのは大きなメリットです。

6章

アフターコロナショックに備える

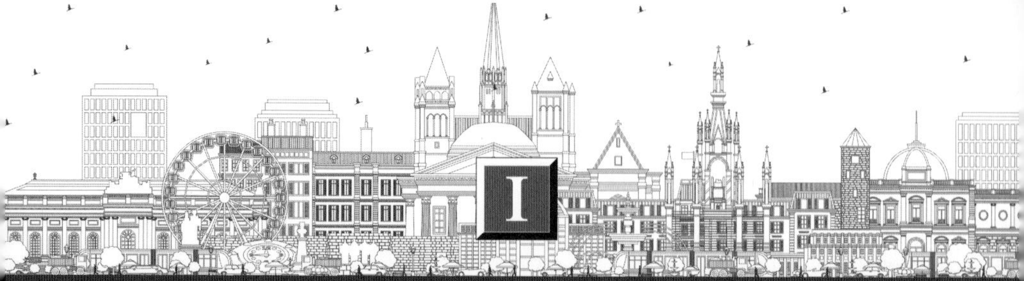

１億円？　なくてもスイスで資産運用は可能です

「カジュアル・プライベートバンキング」?!
そんな言葉は聞いたことがないのですが

「スイスで『安全』に資産を管理して『国際分散運用』を『少額』からでも行うことは可能ですか」との問合せが定期的に届きます。

繰り返しになってしまいますが、スイスで「安全志向の国際分散運用」を行うことは可能です。しかし最低預り金額を満たさない顧客は、「誠に申し訳ありませんがお客様にはサービスを提供することができません」と口座開設を断られてしまいます。

増え続けるコストをカバーするためには、銀行は「採算のあう顧客」に専念せざるをえないからです。また年々厳しくなる規制のせいで充実したサービスを顧客に提供することもデリケートになってしまいました。つまり、一部のプライベートバンクでは、サービスの質は低下しているのにもかかわらず手数料と口座開設のハードルは高くなっているのです。

しかし投資顧問会社のプラットフォームを利用すれば、たとえ少額であっても一流のプライベートバンクに口座を開き資産運用を開始することは可能です。投資顧問会社のリレーションシップ・マネジャーの多くは銀行を卒業した元バンカーです。

投資顧問会社にも金融規制を厳守する義務や最低限の収入を確保する必要があります。しかし理不尽なノルマや無意味な社内政治もなく顧客に最適のサービスを提供することだけに専念したいと望む多くのシニアバンカーが近年、投資顧問会社に転職しています。それは柔軟に顧客対応が行えることは長いお付き合いを志すリレーションシップ・マネジャーにとっては不可欠な労働環境だからです。残念ながら最近では、多くのプライベートバンクは顧客に最低限の運用報告しか行っていません。しかしコミュニケーションを最重要視する投資顧問会社では、経験豊かな投資戦略チームによる定期的な運用報告がしっかりと行われます。

超富裕層客を専門に活動するファミリーオフィスではプライベートバンクでは到底提案がされないであろうプライベート・エクイティの情報やM&A案件を含めた高付加価値サービスが提供されます。

一方で、「スイス・プライベートバンク伝統の安全志向と分散投資を兼ね備えたポートフォリオ・マネジメントを『民主化』したい」、そして「富裕層向けの金融インフラをより多くの顧客に利用してもらいたい」、そのような志をもつ投資顧問会社ではプライベートバンクから「差別された」顧客たちに資産運用サービスを提供しています。

投資顧問会社の多くは通常100万ドルから資産運用・助言サービスを提供しています。しかし一部の投資顧問会社ではより多くの顧客が運用サービスを利用できるようにと分散投資ポートフォリオを仕組債、SPVやファンドなどに商品化することで50万ドルから顧客を受け入れています。この方法を利用すれば通常では口座を開設することが不可能なスイスのプライベートバンクでバランス型ポートフォリオの運用を行うことができます。「一流のプライベートバンキング・プラットフォームをカジュアル」に利用していただくのが目的です。

むろん10億円を預けている顧客と同様のテーラーメイド・サービスの提供はできません。またスイスにお越しの際に空港までお迎えにあがることもありません。しかし大事な5,000万円を「喜んで運用させていただきます」と対応する投資顧問会社と2億円を「嫌々」引き受け、最低限のサービスしか提供しないプライベートバンクのどちらをあなたは選択しますか。

投資顧問会社とカストディアンバンクの関係はどうなっているの?

投資顧問会社はプライベートバンクにとって重要なお客様です。そのため多くのプライベートバンクはエクスターナル・アセット・マネジャー部署(EAM)の強化を図っています。

顧客は既存の口座を維持したまま運用だけを投資顧問会社に任すことができます。銀行を去るバンカーにしてみれば、顧客に数枚の契約書にサインさえしてもらえば引き続き運用の担当ができるのは好条件です。別の銀行で新しく口座を開設していただく手間も省けます。

利益率は下がってしまいますがEAM部署の強化はプライベートバンクにとって投資顧問会社に流れた顧客を引き止めるための手段のひとつです。

投資顧問会社は信託機能をもっていないため、顧客の資産は「カストディアンバンク」で管理されます。スイスではほぼすべてのプライベートバンクがカストディアンバンクとして投資顧問会社とその顧客に金融インフラと資産管理サービスを提供しています。

投資顧問会社は複数のカストディアンバンクと契約を結んでいるので顧客はそのなかから希望のプライベートバンクにカストディ口座を開設します。口座の目的、また顧客の国籍・居住地によってはカストディアンバンクの選択肢は限定されてしまうこともあります。

しかしすでに数十億～数百億円相当の資産の管理を投資顧問会社から任されている場合、多くのカストディアンバンクは比較的少額であっても新規口座を開設してくれます。顧客は運用手数料を投資顧問会社に支払います。そしてカストディアンバンクには口座管理手数料、バンキング・サービス手数料、信託手数料、また売買手数料を支払います。

カストディアンバンクに支払うすべての手数料は投資顧問会社によって交渉されています。そのため、運用を投資顧問会社に任しても直接プライベートバンクに任せたときと比べても全体の手数料はほぼ一緒です。

投資顧問会社は顧客と運用代理人契約を結ぶため、運用・投資に関する指示をカストディアンバンクに出す権利は与えられていますが、送金、現金の引下ろしや口座の閉鎖・資産移管を行うことはできません。つまり、主に顧客の対応をするのは資産運用を担当する投資顧問会社のリレーションシップ・マネジャーですが、送金を含めた銀行業務のサポートはカストディアンバンクのリレーションシップ・マネジャーが対応するということです。

スイスを訪問の際に顧客はカストディアンバンクを投資顧問会社のリレーションシップ・マネジャーと一緒に同行することも可能です。

ちなみにカストディアンバンクは大口顧客や法人・年金基金に「グローバル・カストディ・サービス」を提供しています。資産の管理は1行のカストディアンバンクで、しかし運用自体は複数の金融機関に任せたい顧客にはうってつけのサービスで、効率的で包括的な資産管理が可能になります。

たとえばUBS（グローバル・カストディ）に100億円を預け、ピクテ、ジュリアス・ベア、そしてロンバー・オディエと投資顧問会社の4社にそれぞれ25億円の運用を任せます。すべての運用会社はUBSのトレーディングと決済プラットフォームを利用します。運用会社4社に同じ条件でバランス・ポートフォリオを運用させてパフォーマンスを争わせることや、各金融機関が得意とするアセット・クラスの運用を依頼することもできます。

運用報告書が統一化されているため、運用成績の分析も容易になります。また何らかの理由で1社と運用契約を解除しても資産自体は引き続き同じカストディアンバンクで管理できるため、資産移管をする必要もありません。通常では運用成績や投資プロセスのモニタリングは中立的立場にある投資顧問会社やファミリーオフィスが任されます。そしてオーナーには定期的に監査報告書や意見書が提出されます。

金融機関との付き合い方を考える

銀行でさえも店舗レスの時代がやがてやってくるだろう

世界銀行の2017年の調査によると世界全体で銀行口座を保有している成人の割合は69％です。そして日本の成人の銀行口座保有率はほぼ100％だといわれています。

先進国で生活するわれわれにとって用途ごとに銀行口座を使い分け複数のキャッシュカードやクレジットカードを保有することは、もはや当たり前になってしまいました。

現代社会において銀行は電気、水道、ガス、また公共交通と同様に生活には決して欠かすことのできない「ライフライン」です。

銀行なしでは国民と企業、そして国や自治体も社会経済活動を行うことができません。しかし近年の銀行を取り巻く環境は非常に厳しく、日本でもこの数年の間に数多くの銀行が統合・合併を経て消えてしまいました。高度経済成長の終了、また慢性的な低金利状況、さらに規制強化に伴うコスト上昇などの結果、従来の商業銀行のビジネスモデルはもはや成り立たなくなっています。

駅前や一等地に店舗を構え入金や出金の作業、またそのほかアテンド・サービスを提供するにはとてつもないコストがかかっています。「俺たちは銀行にお金を預けてやっているんだ！　銀行のサービスなんて無料が当たり前！」。預金者が増えるごとにオペレーションコストがかさみ、預金残高が増えても損失だけがふくらむ状況に銀行の経営には大きな改革が求められています。

新たな収入源の開拓に加え口座管理手数料の導入を含めた手数料体系の見直しは避けられません。銀行に出向いて送金の手続や、そのほかの相談ができなくなってしまうことに不安を感じる方は多くいます。しかし、やがて銀行でさえも店舗レスの時代はやってきます。

店舗がすべてなくなることはないでしょう。しかし、いままでは歩いて行けた銀行にこれからは電車に乗って訪れる必要があるかもしれません。あくまでも個人的な意見ですが、コモディティ化した金融サービスは低価格戦争に突入し、一流のデジタルプラットフォームを築き上げたSBIグループがメガバンクにかわって日本を代表する金融機関になるのは時間の問題ではないでしょうか。

ITインフラへの莫大な投資は近代の金融機関にとっては不可欠です。デジタル対応に遅れた証券会社や銀行に未来はありません。その一方で、高付加価値のサービスを提供している金融機関はその規模やロケーションにかかわらず今後も存在し続けるでしょう。多くの地方銀行は現在非常に厳しい経営状況に直面しています。しかしスイスの州立銀行がそうであるように、日本の地方銀行は長期にわたって地域経済を支え、顧客を大切にしてきました。私は地方銀行に大きな可能性を感じています。

「アパ・ホテル」も「帝国ホテル」も必要とされているように、また「吉野家」も「銀座久兵衛」も必要とされているように巣鴨信用金庫は地元住民に必要とされています。魅力的でユニークなサービスや商品を提供し続ける金融機関は存続していきます。日常の支払や振込み、また預金のように「付加価値がない」金融サービスはオンライン銀行で十分。ライフプランや「付加価値が高い」サービスには多少の手数料を払ってでもテーラーメイドのサービスを提供する金融機関とのお付き合いが優先される時代になるでしょう。

いまさらですが、海外で資産運用をするメリットは何ですか

「海外で資産運用をする意味はあるのでしょうか」、また「両親が昔開設した海外口座を解約して日本に資産を戻そうか迷っていますがどう思いますか」といった質問を定期的にいただきます。家族と一緒に日本に住み、日本で働き、日本円で生活する人々にとっては海外で資産を運用・管理することに違和感や疑問が生じるかもしれません。

日本にも銀行や証券会社はたくさんあるし、またドルやユーロ商品も国内で購入できるのになぜわざわざ海外で……当然の疑問です。すべての人に海外口座は必要ではありません。

なぜならば人生設計や将来の夢、さらにキャリアプランやライフステージ、また家庭環境や資産状況は人それぞれ違うからです。繰り返しにはなりますがスイスの口座を所有する理由や目的は大きく分けて3つあげられます。

1つ目がカントリーリスクに備えるため、2つ目が効率的に資産運用を行うため、そして3つ目が新たなライフスタイルを実践する、またライフプランを達成する手段として利用するためです。日本ほど清潔、安全、かつ社会環境が整った国は世界でも少ないのはまぎれもない事実です。

しかし現実には日本は借金大国であり政府債務は1,200兆円を超えているといわれています。簡単にいってしまえば日本全国民が約2年間タダ働きをすればやっと返せる金額です。

たとえ借金が多くても返せる見込みさえあれば決して問題はありません。借金問題を解決するためには経営状況を改善させ、少しずつでも借金を減らすのが理想的です。

財政を黒字化するためには税収を国の運営費より高くするか、運営費を低くするかの二択です。しかし残念ながら現在の経済状況下では中期的に財政を黒字化することは非常にむずかしいと思われます。

税収入を上げるには景気回復、もしくは増税を実行する必要がありますが

人口の減少に伴い国内消費と労働力が減少するなか、大胆な増税を行うとさらなる経済の低下につながってしまいます。また出費を劇的に減らす方法も現時点では見当たりません。

日本は世界的にみても最高の技術・人材を誇る国ですがアメリカのマイクロソフト、アップル、グーグルのようにITセクターで世界を席巻する企業が少ないのが現状です。自動車産業にかわり将来的に大きな飛躍が期待できる産業を確立しない限り、良くても現状維持もしくは経済の緩やかな衰退しかないと思われます。

日本政府は莫大な資産を所有しているので問題ないとの見解には一理あります。しかし、いよいよ借金を返済しないといけないという状況に陥ったときに資産をだれにいくらで売却できるのかを考えると決して安心ができる状況ではありません。

現在では日本の借金のほとんどは国民が肩代わりしていますが、今後間違いなく増え続けるであろう借金を国民の資産だけでは補えなくなったときのことを考えてください。

家族内でお金の貸し借りをしているのであれば特に問題ありませんが、他人からお金を借りるとなると状況は変わってきます。どうしても資産の売却を執行しないといけない状況に陥ったときに経済・資産状況がさらに悪化している可能性も高く、資産を叩き売りする必要が出てくるかもしれません。

日本の優良資産が海外企業に買収されてしまう可能性さえもあります。よくいわれているように、いちばん手っ取り早く借金を返済するにはハイパーインフレーションでお金の価値をなくしてしまうことです。しかしそれは国民の預金・資産がゼロとなり、円は暴落、そして日本の信用力は低下して後進国に堕ちてしまうことを意味します。その可能性はきわめて低いと思いますが決してゼロではありません。また地震などの大型自然災害で社会・経済活動や生産・流通機能が麻痺した結果、日本が予測不可能な事態に陥るリスクもゼロではありません。

私は、海外口座は一種の「保険」だと考えています。過重な保険への加入には反対です。しかし予期せぬ事態が起こったときに備えて対応策を立てておくことは重要です。

健康保険、自動車保険、生命保険、災害保険などに加入すれば一般的に想定されるリスクをヘッジすることはむずかしくありません。

しかし、日本の経済が崩壊したとき、また預金封鎖が行われたときに対する保険は存在しません（国債デフォルトリスクに対するクレジット・デフォルト・スワップと呼ばれる機関投資家向けの金融商品は存在します）。

保険に加入すると必ず毎月、毎年「保険料」の支払が発生しますが海外口座には多少の口座管理費を除いては、保険料の支払は必要ありません。もちろん、「イベント」が発生したときに掛け金に対して数十倍の保険支払金が入ってくるわけではありませんが、安心を買うとの意味合いでは目的を達成できるのではないでしょうか。

日本在住者が海外口座をもち、日本では登録がされていない投資商品を購入することは禁止されていません（日本で登録・認可を得ていない海外生命保険の加入を除いては）。

災害で一時的に日本を離れないといけない状況が起こってしまったときや、日本の経済が著しく悪化し想定外の緊急自体が起こったときに備えて安全を重視した資産運用を海外で行っていれば安心ではないでしょうか。また自分自身が抱える課題や目的を達成するために海外口座を利用するのもいいかもしれません。

日本の税制は非常に複雑です。また「超累進課税率」が適用されているため世界でも最も相続税が高い国であるのは周知の事実です。資産家にとって相続と事業承継は決して避けることができない悩ましい問題です。究極の節税対策として企業や資産を売却して海外移住を決められる資産家もいますが、現地での慣れない生活に疲れ、数年後には日本に帰国するケースも多々あるようです。税金対策の手段として日本人が東南アジアや欧州に移住するのはフランス人がベルギーやスイスに移住するのとはわけが違います。

移住先は本当にそこに「住みたい」のか、またそこに「住める」のかを吟味したうえで決めるべきであり税金対策だけを目的とした移住は失敗につながる可能性がきわめて高いと考えられています。どなたも家族や友人に囲まれて美味しい食事と楽しい思い出を残してこの世を去るのが理想です。税金のためだけに言葉も通じない病院で寂しく亡くなるのはいかがなものでしょうか。しかし、子どもの教育や生活・仕事の環境を変えたいなどの理由や目的をもって決断する移住であれば大変有意義な生活ができると思います。海外移住を成功させるためには事前準備を計画的に行う必要があります。スイスのプライベートバンクに口座を開設しておけば、移住に関する情報やサポート、また移住後の生活アシストを受けることができるので非常に便利です。

海外で資産を管理するのにはどうしても違和感がある、そもそも「ジャパンリスクなど考えていない！」のであれば、日本にも安全志向を重視し、厳選した商品選択を行い、顧客目線で資産運用に励むアセットマネジメント会社は存在します。そのなかには決して数億円からではなく、比較的少額から投資を開始することが可能な商品や、数千万円から分散運用を提供している資産運用会社もあります。運用手段や商品の選択肢はスイスのプライベートバンクと比べると残念ながら限られてしまいますが、証券会社の言いなりにはならず、また異常な手数料を払わずして効率的に資産運用をすることは、日本でも不可能ではありません。

また日本で資産・事業承継や相続税対策を行うと決められた方々は、海外のプライベートバンクや国内の大手銀行にアドバイスを求める前に、包括的なファミリー・エステートプラニングを得意とする投資顧問会社や相続専門の税理士に相談するのがよいのではないでしょうか。もちろん海外の金融機関も、日本の税理士や弁護士と提携して顧客のニーズに対応しています。しかし海外籍のトラストを利用した複雑な節税スキームの提案には、セカンド・オピニオンを受けて税制上の有効性を確認することが必要かもしれません。節税を試みたつもりが、「意図的な脱税行為」とみなされてしまって困るのはご自身です。

大きな車、またスピードが出る車に乗っている人をみて「そんな車、狭い日本で必要ない」という人が多くいます。安全だから、車が好きだから、荷物が多く運べるから。ベンツの四駆に乗る理由は各自それぞれ異なります。

しかし他人がどう思っていようと、自分の行動に対して言い訳する必要はいっさいありません。自分が必要としているのであれば海外口座も、海外で資産を運用することも他人に説明する必要も、義務もありません。自己責任が問われる時代において資産運用はすべての人が向き合わなければならない現実的課題です。

家族の将来、そして資産運用の「目的」をもう一度じっくり考えるところから始めるのはいかがでしょうか。

F様からのお問合せ
スイスで資産運用を始めるにあたって

Q：現在○○証券のラップファンドや△△証券のプライベートバンキング部で資金の一部を運用しています。スイスでも資産を運用できるのであればチャレンジしてみたいと思っています。私にはそれほど大きな資産があるわけではありませんが可能でしょうか。

A：まずは現地訪問をして銀行、そしてバンカーと面会することをお勧めします。長期の付き合いが大前提になるため、安心して資産の管理を任せられるかを確認することは重要です。そして口座開設と資産運用の目的をお伝えください。もし日本でもその目的が達成できるのであれば海外で資産を運用する必要はないかもしれません。

一般的にプライベートバンクで口座を開設するには最低でも100万ドル相当の資金を預ける必要があります。お客様の資産状況をお伺いしていませんが、海外で運用する資金はあくまでも全資産の一部にすることをお勧めいたします。最低金額の条件を満たすために無理をして全財産をスイスで管理することだけは避けてください。

Q：最低の金額をクリアすることはできますが、できれば数千万円程度から開始したいと考えています。それでも可能でしょうか。

A：銀行にもよりますがバンカーの判断で50万ドル相当の資金でも受け入れることは可能です。しかし数年以内に最低金額を入金してくださいと条件をつけられるかもしれません。

もし達成できない場合には口座を閉鎖されてしまうリスクがあるので無理をしないことをお勧めします。

スイスには50万ドル相当からカジュアルに資産の運用を行っている投資顧問会社、また資産管理会社もあるので検討するのもよいかもしれません。

POSTSCRIPT
あとがき

初めてスイス人の友達ができたのはフランス、ボルドーでサマーキャンプに参加したときでした。当時小学2年生、兵庫県から引っ越してきてパリでの生活を始めたばかりの私はスイスの存在すら知りませんでした。

地図を広げてみるとヨーロッパの中心に見逃すほどの小さな国、スイスを見つけたのをいまでも覚えています。後に学校の同級生に「ベルギー人はフライドポテトとムール貝しか食べない」、「イタリア人はママっ子で話が長い」、そして「スイス人は金持ちだけど退屈」と教わりました。ちなみにお前たち日本人のイメージは「いつもカメラを首にかけている団体観光客」、「他国の商品や技術をマネするコピー屋さん」、「生魚を食べる獣」といわれ子どもながら深く傷つきました。

現在では文化交流も盛んになり、日本はフランス人にとって親しみを感じる国になりました。しかし、その当時は日本の印象は欧州ではあまり良くありませんでした。それから数年後にジュネーブに引っ越して以来、スイスでの生活も今年で36年になります。大学卒業までの約5年間は現地の家庭で居候をさせていただきスイス人の習慣、文化に触れる貴重な経験を得ることができました。お母さんはグリゾン州出身のスイス・ジャーマン（スイスドイツ語圏）、お父さんはアルザス育ちのフランス人、私がお世話になった家庭は大変裕福でしたが倹約家でごく普通の生活を楽しんでいました。

スイスはフランスほど社会格差が激しくありません。またグランゼコール（フランスのエリート養成学校で、フランス政府要人や多くの政治家、大手企業の経営者が卒業しています。パリ政治学院、国立行政学院、HEC経営大学院などがあります）を卒業したエリートの派閥文化もありません。素朴で飾りがない人柄がスイス人のいちばんの魅力だといまでも思っています。

私が働いたプライベートバンクの多くは合併・売却で現在は存在していません。本社を全面改装するので一時的に引っ越しすると「嘘の説明」があったわずか数カ月後には他行に合併吸収されたこともありました。

スイスではほかの欧州諸国と比べても労働法が厳しくないため、社員を解雇することはきわめて簡単です。いまでも思い出すのが私の所属していた銀行がある銀行に買収されたときのことです。新オフィスに転移して数日後、買収された銀行の元重役が前から歩いてきた男性に「お前はだれだ、ネクタイをしっかり締めろ」と注意したところ、相手の男性は大声で「お前こそだれだ、俺の銀行で何をしている」と怒鳴り返したそうです。この出来事が直接影響したかはわかりませんが、その数週間後には元重役の姿は見当たりませんでした。怒鳴り返した男性はシニアバンカー兼買収した銀行の株主の一人でした。私が所属していた投資調査部門も買収の発表直後、半分以上のメンバーがリストラをされてしまいました。

もともと多くのスイスの銀行は小規模な一族経営であり彼らは自分の銀行をメゾン（フランス語で家という意味）と呼んでいました。そして社員は家族の一員として強い絆で結ばれていました。時代とともにビジネス環境も変わり当時の経営方針を維持することがむずかしくなったことは理解できます。

しかし、30年間勤めたバンカーが解雇される際にどれだけ自分が忠誠心をもち銀行に尽くしてきたかを説いたところ、人事部の担当者から「忠誠心がほしければ、われわれは犬を飼う」と返事されたと聞きました。スイス銀行のいちばん素晴らしい経営理念が損なわれた瞬間ではないでしょうか。KPMGは2025年までにスイスのプライベートバンクの約40％（2019年と比べて）が消えてなくなる可能性を指摘しており、多くのバンカーが職を失うことが予想されています。

最近では実にUBSとクレディ・スイスの合併の噂さえされており、もしそれが実現した場合には世界中でおよそ1万5,000人の職に影響があることが想定されています。独占状態を謳歌していたプライベートバンクとバンカーはこの殿様商売が永遠に続くと信じ努力を怠ってきたのかもしれません。

私はこの二十数年の間、激変するプライベートバンク業界に身を置き、貴重な体験をしてきました。本書ではスイスのプライベートバンクが守秘義務を盾に行っていた「闇の活動」や伝統を犠牲にした「利益追求にこだわる銀行経営」に関して、簡素化はしましたが余すところなく述べました。しかし現在もなお世界中の資産家から大きな支持を得ているのは、それでもスイスのプライベートバンクにはほかでは得ることができない魅力があるからです。

ビジネスが激戦化した現在でも地道に顧客の資産を守ることに専念し、また素晴らしい金融プラットフォームを築き上げたプライベートバンクは存在します。利用しないのはもったいない。

私は、これからもスイスの素晴らしさとプライベートバンクとの付き合い方、またカジュアルにプライベートバンクを利用する方法を発信するとともに、日本の素晴らしさをスイスで広める活動を行っていきます。

本書の出版にあたり、株式会社きんざいの赤村聡様にはひとかたならぬお力添えをいただきまして心から感謝いたします。また、この場を借りまして、いつも多大なるアドバイスとご支援をいただいている山一證券の先輩方に深く御礼申し上げます。

チューリッヒ．スイス　2021.12.1

Masayuki Inoue

■著者紹介

井上　雅之（いのうえ　まさゆき）

徳島県出身。チューリッヒ在住（欧州生活通算41年）
ジュネーブ大学経済学部卒。CFA（米国証券アナリスト）。

「スイス・プライベートバンクに最も詳しい日本人」。
スイス金融業界に絶大な人脈をもち、50以上のスイス・プライベートバンクに加え、モナコ、香港、そしてシンガポールの多くのプライベートバンクを訪問。
大学を卒業後、山一證券スイスに入社。法人営業部に所属しスイスの金融機関・投資家に日本企業と日本文化の素晴らしさを伝える。その後バンク・ピゲ（Banque Piguet & Cie SA）、エドモン・ドゥ・ロスチャイルド銀行（Edmond de Rothschild）、クレディ・スイス、またその他のプライベートバンクで資産運用業務に従事。ヘッド・オブ・アセットマネジメント、またバンカーとして日本人顧客に限らず欧州、中近東、アフリカ、そして在外インドの超富裕層に投資アドバイスやライフスタイル・ソリューションを提案。
現在はジュネーブの資産管理会社でウェルスマネジメント・ディレクターとして資産管理、そしてライフスタイル・サービス（ボーディング・スクール、移住のサポート、財団の設立・運営など）に従事。また日系企業のスイス進出サポートや金融機関の海外研修・社員研修の企画・運営を行っている。

お問合せ：suisse1192@gmail.com

スイス・プライベートバンクの教科書
――新たなライフスタイルの実践

2021年12月28日　第1刷発行

著　者　井　上　雅　之
発行者　加　藤　一　浩

〒160-8520　東京都新宿区南元町19
発　行　所　一般社団法人 金融財政事情研究会
企画・制作・販売　株式会社 き　ん　ざ　い
出 版 部　TEL 03(3355)2251　FAX 03(3357)7416
販売受付　TEL 03(3358)2891　FAX 03(3358)0037
URL https://www.kinzai.jp/

校正:株式会社友人社／印刷:株式会社日本制作センター
PHOTO：Masayuki Inoue(あとがき)／Bruchez Benoît(章扉)
ILLUST：Booblgum(目次ほか)／FORMAT：Kyoko kirihata

ISBN978-4-322-14002-6